Eberhard Straub
Das zerbrechliche Glück

Eberhard Straub

Das zerbrechliche Glück

Liebe und Ehe im Wandel der Zeit

wjs

© 2005 by wjs verlag, Wolf Jobst Siedler jr., Berlin
Alle Rechte vorbehalten,
auch das der fotomechanischen Wiedergabe.

Schutzumschlag: Dorén & Köster, Berlin
Herstellung: Utz Zimmermann, Potsdam
Druck und Bindung: Oldenbourg GmbH

Printed in Pilsen/Czech Republic
Erste Auflage

ISBN 3-937989-12-9

www.wjs-verlag.de

Inhalt

I.

»In der Liebe ist alles ein Wagestück« oder Die Idealität der Liebesheirat

Eheleute und solche, die sich Kinder wünschen, also eine Familie gründen wollen, haben es schwer. Denn sie sind umzingelt von Ratgebern, die Ehe und Familie meist für äußerst problematisch halten und deshalb im vollen Bewusstsein ihrer wissenschaftlichen Problemlösungskapazität Hilfe und Aufklärung anbieten. Viele von ihnen zweifeln, ob die überlieferte Monogamie in fortgeschrittenen Zivilisationen überhaupt noch ein taugliches Modell sein könne. Das Gebot der Treue: »Bis dass der Tod euch scheide« war vielleicht praktikabel zu Zeiten, da die Menschen früh starben. Unter den Bedingungen der sich fort und fort entwickelnden Medizin, des langen Jungbleibens und häufiger Verjüngungsversuche kann Treue offenbar sehr anstrengend sein oder schlichtweg die Phantasie der meisten überfordern.

Vor nichts warnen besorgte Beziehungshilfsarbeiter so sehr wie vor seelischem Stress, der zu Verkrampfungen führen müsse und unweigerlich die Freude am Sex dämpfen werde, die doch Voraussetzung für eine gute Ehe sei. Gesunder Sex ermögliche eine gesunde Ehe, die eben deshalb eine gute sei, weil nichts Ungesundes oder Krankhaftes die Teamfähigkeit in der Partnerschaft beeinträchtige. So heißt es immer wieder. Was die Freude am Sex mindert oder gar aufhebt, kann dementsprechend nur unerfreulich und ungesund sein. Schließlich bilden Attraktivität, Ausstrahlung und Gesundheit eine Dreieinigkeit, deren charismatische Wirksamkeit nicht unterbrochen oder dauernd geschwächt werden sollte. Ein Seitensprung empfiehlt sich dann, um den Belästigungen des Überforderungsdruckes auszuweichen, sofern die Beziehung nicht von vornherein als offene und gruppendynamische den schädlichen Nebenfolgen exzessiven Treueverhaltens vorbeugt.

Bei den hohen Scheidungsraten liegt es sicherlich nahe, eine innovative Auffassung von ehelicher Treue im Gesamtzusammenhang partnerschaftlicher Lebenspraxis zu entwickeln. Anderenteils war die Treue seit eh und je ein schwer zu erreichendes Ideal, was frühere Generationen und Epochen überhaupt nicht davon abhielt, an dieser sittlichen, ästhetischen und vielleicht sogar praktischen Ordnungsvorstellung festzuhalten. Es gibt zahlreiche Regeln und Gebote – Du sollst nicht stehlen –, die im gesellschaftlichen Zusammenleben nicht deswegen ihre Verbindlichkeit verlieren, weil sie ununterbrochen verletzt werden. Außerdem hofft Umfragen zufolge die überwältigende Mehrheit der jungen Leute, dass ihre wahre Liebe, wenn sie sie gefunden haben, »ewig«, also bis zum Lebensende dauern möge. Sie sind offensichtlich bereit, sich auf das Wagnis der Treue als ihres Glückes Unterpfand einzulassen. Ein erheblicher Teil wäre sogar bereit, für den Geliebten zu sterben.

Die glückliche Ehe gehört unmittelbar zu den Vorstellungen, die die meisten Europäer vom Glück haben. Sie hängen der alten biblischen Weisheit an, dass es dem Menschen nicht gut tut, allein zu sein, und fürchten die Einsamkeit. Das Glück lässt sich in diesem Sinne nur gemeinsam gewinnen in der »großen Liebe«, der schönsten, den ganzen Menschen ergreifenden und bildenden Erfahrung. Das unberechenbare und stets bewegliche Glück möchte jeder schon bei der Locke packen, um es bei sich festzuhalten. »Zum Augenblicke dürft' ich sagen: / Verweile doch, Du bist so schön!« – diese Glückserwartung des alten Faust teilen jene, die sich von der Liebe begeistern lassen. Dass Glück und Liebe einander bedürfen, dass das eine sich nicht schenkt ohne die Begleitung des anderen, daran glauben die Europäer, als unbeirrbare Romantiker, trotz aller Enttäuschungen, die den Liebenden oder den Liebe Suchenden gar nicht erspart bleiben.

Schließlich ist es nicht leicht, den Richtigen zu finden – sofern es ihn überhaupt gibt, was die skeptische Arabella Hugo von Hofmannsthals beunruhigte. Aber dann stand er vor ihr, und es erübrigten sich alle Worte, Fragen und Zweifel, da zwei zueinander gefunden haben als Verwandler des anderen. Darin liegt das Wunder der Liebe, dem die meisten, um glücklich zu werden, immer noch unbedingt begegnen möchten. Richard Strauss hat dafür die melodiösen Steigerungen gefunden. Mitten im lieblosen 20. Jahrhundert ist »Arabella« eine ungemein populäre Oper geworden, weil sie die einzige Idee poetisierte, auf die die Europäer, bei all ihren Entmythologisierungen, nicht auch noch verzichten wollten: die Liebe und deren glückliches Ergebnis – die Liebesheirat.

»Liebe denkt in süßen Tönen / und Gedanken stehn ihr fern«, wie der Romantiker Ludwig Tieck sang. Trotz aller kräftigen Veränderungen während zweier Jahrhunderte hat sich daran grundsätzlich nichts geändert. Ein großer Liebender, der zuweilen auch Glück in der Liebe erfuhr, der

Melancholiker Gottfried Benn, bemerkte gegen Ende der zwanziger Jahre ungeachtet neusachlicher Umgangsformen keine auffallenden Unterschiede zu den Verhältnissen vor dem Ersten Weltkrieg, zumindest in den Romanen: »Damals hießen die Helden Hans und Grete, heute heißen sie Evelyn und Kay, damals boten sie sich auf Seite 200 hinter einer Rosenhecke das Du an und versprachen sich fürs Leben, heute bei einem Reifenwechsel oder einem Propellerbruch nehmen sie Pupille auf ihre sportgebräunten Züge, besprechen das Geschäftliche, eröffnen sich ihre Komplexe und beschließen für die nächsten vierzehn Tage in den Clinch der Küsse zu gehen.« Da man ja nicht nur in der Liebe unter dem Imperativ »Schaffe den Dingen Dauer« steht, wird aus den vierzehn Tagen eine kleine Ewigkeit, und man ist mittendrin in der großen Liebe.

Viele stolpern vielleicht nur hinein, weil sie über die Liebe gelesen haben und nun die Literatur ins Leben übertragen. Doch das ist eine allzu literarisch-hochmütige Vermutung. Denn trotz aller Einflüsse der jeweiligen sozialästhetischen Umwelt, die jeden Einzelnen zu einem sehr bedingten, zusammengesetzten Wesen machen, ist die Liebe, die einer gibt, das Besonderste und Ureigenste, was er geben kann, eben seine Liebe. Mit der überrascht und beseligt der inkommensurable Einzelne den oder die davon berührte unerschöpfliche Andere. Leben heißt zusammenleben. Im Zusammenleben entwickelt sich das Drama des Ich mit dem Anderen, ein unübersichtliches Drama, weil die Liebe sich als Kraft einmischt. Wie einer ist und wird, so ist seine Liebe: unergründlich auf jeden Fall, weil jeder Mensch, bei allen Beschränkungen durch die Gesellschaft und die zeitbedingte Mentalität, dennoch ein All ist, eine

Welt für sich, »begabt mit eigner, unentweihter Schöne, / und keines Andern Nachhall, Widerschein«, woran Hugo von Hofmannsthal in alter Tradition erinnerte.

Gerade daran zweifeln aber immer mehr Biologen, Evolutionspsychologen und Neurobiologen, die den Menschen davon überzeugen wollen, sich nicht allzu wichtig zu nehmen. Nicht er liebt, sondern wenn er liebt, folgt er nur biologischen Programmen, dem dramatischen Zusammenspiel von Genen, Botenstoffen der Lust und Hormonen. Liebe ist dann nichts weiter als der soziale Code eines Instinktes. Eines Instinktes, der uns sagt, dass wir nicht auf der Welt sind, um glücklich zu werden, sondern um uns fortzupflanzen. Die Frau ist dabei immer auf der Jagd nach viel versprechenden Genen im Zuge der Nachwuchsverbesserung, den sozialen Aufstieg des Kindes scharf im Blick, da höhere Bio-Qualität Vorteile im Wettbewerb verschafft. Die Frau verhält sich solchen Anschauungen zufolge vollkommen marktkonform, also natürlich, weil sie, ihrer Natur gemäß, instinktiv den Kategorien des Marktes folgt. So erweisen sich diese Kategorien als natürliche, ja als naturgesetzliche, insofern nämlich der Markt, wie die Natur, Regelmäßigkeiten folgt und Gesetzen gehorcht. Der Mensch sollte sie nicht missachten.

Die Biologen sind seit dem 19. Jahrhundert damit beschäftigt, den Menschen zu deshumanisieren und ihn zu renaturalisieren. Ein Humanist und Naturwissenschaftler wie Gottfried Benn aber hat sich nie darin beirren lassen, dass der Mensch – »die Rasse Adams, die das Tier verstieß« – nicht zurückgezwungen werden könne in eine gedankenlose, funktionstüchtige Natürlichkeit. »Alles Leben will mehr als Leben, will Umriß, Stil, Abstraktion, vertieftes Leben, Geist« – mit einem Wort: Es will Kultur. Die Natur des Menschen ist die Kultur, er lebt in einer *nature artificielle*. Den Menschen aus seiner »Unnatur« zu befreien heißt, ihn aus der Kultur zu vertreiben, seinem Reich der Freiheit, und ihn damit um seine Würde und Freiheit zu bringen.

Dessen ungeachtet soll sich der Mensch, jenseits von Freiheit und Würde, als Bruder der Graugans verstehen. Aber störrischerweise lässt er nicht davon ab, sich sehr wichtig zu nehmen mit seiner Würde und seinen Menschenrechten, die ihm als Freiheitsrechte angeboren sind. Denn er darf sich als Ebenbild Gottes begreifen oder vermag sich, wie Platon oder Aristoteles versicherten, dem Göttlichen anzunähern, das mit der Schönheit und Wahrheit identisch ist. Auf dem Weg zu den idealen Urbildern kann er sich aus der beengenden Abhängigkeit von der Natur lösen, wenn es ihm gelingt, deren Schwächen und die durch sie bewirkten Einschränkungen zu überwinden und darüber die Spuren menschlicher Bedürftigkeit zu verwischen. Bei dieser Bemühung ist die Liebe der angenehmste Begleiter. Sie belebt die geistgeprägte Ordnung der Dinge, die Harmonie der Welt, welche im Kleinen der Mensch mit sich als schöner Gestalt herzbezwingend veranschaulichen kann.

Darin aber sehen mechanistische Biologen nur Poesie. Immerhin verstand sich Platon durchaus auch als Dichter, weshalb solche Vorwürfe seine Überlegungen gar nicht abschwächen oder gar widerlegen. Biologen, die zu viel Gefallen an mechanischen Abläufen und Strukturen haben, geraten allerdings kaum in Versuchung, sich genauer damit zu beschäftigen, wie viel Poesie in ihren eigenen Theorien stecken könnte, meist sehr zeitgemäße, entsprechend dem aktuellen Moment, unter dessen Eindruck sie stehen. Es ist doch immerhin auffallend, dass in Zeiten zügellosen Wettbewerbs die Natur vorzugsweise als Macht geschildert wird, die sich streng an die Spielregeln der Markt- und Handelsfreiheit hält. Die Konkurrenz entscheidet, der Fähigste verschafft sich Vorteile, der Langsame erleidet Einbußen oder geht unter, wer sich voll anpasst, kommt jedenfalls nie zu kurz.

Das ermöglicht Bewegung und Fortschritt, so funktioniert die natürliche und organische Entwicklung. In diesem Sinne werden die Regeln des freien Marktes zu Naturkräften idealisiert, die menschlicher Beeinflussung und Steuerung möglichst entzogen bleiben müssen, weil diese nur stören und die natürliche Ordnung der allgemeinen Entwicklung durcheinander bringen. Dazu gibt es keine Alternative, wird harsch dem bedeutet, der sich nur zögernd auf eine solche Weltanschauung einlassen möchte. Nur wer richtig funktioniert, sich den wechselnden Umständen geschickt angleicht und seine Chancen damit nutzt, verhält sich natürlich. Für eigenartige Launen, überlieferte Absonderlichkeiten, unberechenbare Einfälle ist kein Platz in dieser gleichförmigen Welt, die alles Unangepasste aussondert und verwirft. Das ist angeblich ganz natürlich: in der Natur, auf dem Markt und im menschlichen Zusammenleben.

Unter solchen Voraussetzungen gilt jeder als lebensuntüchtig, der etwa auf die Liebe wartet. Damit vereitelt er höchstens die wunderbaren Auswirkungen des Feuerwerks, das seine Hormone für ihn ausrichten wollen. Er muss entschieden gewarnt werden. Denn es sind die Gene und die Körpersäfte, nicht freie Launen der Verliebten, die

Menschen aufeinander aufmerksam machen und vorüber-gehend miteinander verbinden. Sie bleiben so lange aufein-ander programmiert, bis sie ihren biologischen Pflichten erfolgreich nachgekommen sind, ein Kind in die Welt gesetzt und dessen erste Jahre fürsorglich begleitet ha-ben. Dann denke die Frau alsbald an noch bessere Reproduktionspartner und halte Ausschau nach ihnen, während der Mann, ohnehin flatterhaft und nur an Masse, nicht an Klasse interessiert, die Nächstbeste nehme, um seinen Katalog – wie Leporello den des Don Giovanni – um weitere Nummern zu bereichern. Monogamie ist ein Mythos, ein lästiger darüber hinaus, wie etwa David Barash oder Judith Lipton resümieren. Freut euch des Lebens, solange noch das Lämpchen glüht, mit wechseln-den Partnern, immer neugierig auf das Abenteuer, das die Natur für den bereithält, der sich ihren Befehlen an-passt.

Treue ist unter diesen Bedingungen ein Hindernis, und vor allem ist sie »unnatürlich«. Aber die Natur oder die Natürlichkeit geben meist recht unzulängliche Auskunft, wenn man eine halbwegs sichere Vorstellung von dem na-türlichen Liebesverhalten des Menschen gewinnen will. Im Tierreich gibt es in gleitenden Übergängen alle mögli-chen Variationen, von der Monogamie über die Polygamie bis hin zur Promiskuität. Der Wolf ist monogam und treu – soll ihn sich der Mensch zum Vorbild nehmen, wenn er natürlich leben will? Oder wäre es angebrachter, sich nach dem Verhalten der Hunde zu richten, die nicht auf einen Spielkameraden fixiert sind, sondern, wenn sie läufig sind, jede gern haben müssen, die ihnen über den Weg läuft? Wie der Urmensch gelebt hat, wissen wir nicht.

Analogien aus dem Tierleben sind beliebig und widersprechen einander. Außerdem unterscheidet sich die menschliche Sexualität mit ihren vielfachen Ausdrucksformen ganz erheblich von der tierischen Triebabfuhr – ganz abgesehen davon, dass der Mensch ununterbrochen sexuell reizbar sein kann, wohingegen auch der emsigste Triebtäter im Tierreich nur periodisch sein sonstiges Phlegma durchbricht. Es mag vielleicht so sein, dass die Natur sich nach den Mechanismen richtet, die der Reproduktion hilfreich sind, aber der Mensch hat von alters her nicht nur die Fortpflanzung im Sinn, sondern vor allem die Lust, die damit verbunden ist. Ein erheblicher Teil menschlicher Sexualität hat mit Absichten der Fortpflanzung nichts zu tun und galt Philosophen, Theologen oder Medizinern deswegen häufig genug als »unnatürlich«, weil von der Geschlechtlichkeit und deren natürlichem Zweck unabhängig, der eben darin bestehe, Kinder in die Welt zu setzen.

Deshalb gab es schon immer Verhütungsmethoden und Abtreibung, um die Nebenfolgen der Liebe oder der Leidenschaft zu beseitigen oder es erst gar nicht so weit kommen zu lassen. Bei den heutigen Möglichkeiten der Verhütung und den Techniken künstlicher Reproduktion wirkt es fast verträumt, von natürlichen Reproduktionszwängen zu reden, da es vollständig im Ermessen der Paare liegt, wann sie ein Kind wollen oder ob sie überhaupt Kinder wollen. Es hängt vom Menschen mit seinem Willen und seiner Freiheit ab, sich des wohlmeinenden Programms der Natur zu bedienen. Im Übrigen: Wäre das Zusammenspiel der Gene und Hormone so strikt auf ein Fortpflanzungsprogramm fixiert, warum lässt es dann die funktionalistische Natur zu, dass die menschliche Phantasie zu einer ganz ungewöhnlichen, durchaus einzigartigen Fülle an sexuellen Variationen und Spielformen gelangt? Dieser Reichtum veranschaulicht doch sehr eindrucksvoll, wie weit sich der Mensch vom Tierreich entfernt hat, von der so genannten Natur.

Seine sexuelle Reizbarkeit und Phantasie wurde für den Menschen von Anfang an zu einer besonderen Herausforderung, gerade weil sie eine selbstständige Macht und keinen anderen Zwecken unmittelbar verpflichtet ist. Das schockierte ihn. Keinem Tier ist seine Sexualität ein Problem. Dem Menschen wurde sie zum Problem, seit er zu denken begonnen hat und seine Gefühle bedachte, damit sie ihn nicht überwältigten. Der Mensch, den wir ungefähr kennen, der Mensch, der sich im Lauf seiner Geschichte seine ihm angemessene Natur geschaffen hat, beschäftigte sich ununterbrochen mit seiner Sexualität, nicht von Natur aus, sondern um der Kultur willen, die nach einer Ordnung verlangt, in der der Mensch möglichst geborgen hausen mag, halbwegs abgesichert vor den Anschlägen willkürlicher, eitler und verworrener Übermächte.

Die Ordnung beginnt, sobald sich die ungeselligen Einzelnen und Vereinzelten untereinander zusammentun, miteinander leben, zu Sippen verschmelzen und Sippenverbände gründen. Die vagabundierende Sexualität wurde von da an den Bedürfnissen dieser Gemeinschaften gefügig gemacht. Ehe und Familie sind die Mittel dazu, Mächte, die zur Ordnung ungeordneter Gefühle aufrufen. Die Ehe bedient sich der Sexualität, um Nachkommen zu gewinnen, die aber als Erben schon einem Rechtsverband verpflichtet sind. Wichtiger als die Sexualität sind die rechtlichen und ökonomischen Folgen der Heirat gemäß Brauchtum und

Sitte. Beides führte nach und nach zu einer systematisierten Verrechtlichung von Ehe und Familie, immer angeschmiegt an den sozialen Wandel und dessen langsameren oder beschleunigten Tempo, jener unaufhörlichen Bewegung sich dauernd überholender Metamorphosen der Gesellschaft.

Brauchtum, Sitte und Recht sind mit den Göttern verbunden, mit den heiligen und heilenden Mächten. Unweigerlich geriet die Sexualität in deren Zusammenhang und wurde eingebunden in Ordnungsvorstellungen, die über die Sitten hinaus nach Sittlichkeit strebten, um mit sittlicher Überzeugungskraft wirken zu können. Ehe und Familie wurden zu sittlichen Einrichtungen, durchaus in der Absicht, die unberechenbaren Leidenschaften im Wortsinne zu domestizieren, zu verhäuslichen, sie dafür zu gebrauchen, ein Haus zu gründen und einen Haushalt zu führen, im häuslichen Frieden Glück zu finden. Was Glück meint, Familie oder Haus, ist dem Wandel im Wechsel der Zeiten unterworfen. Der Mensch bleibt sich nicht gleich im Laufe der Geschichte. Auch seine intimsten Gefühle, sein jeweiliger Eigensinn, stehen in ununterbrochenem Austausch mit den Anderen als Gesellschaft, mit den Ideen, die dieser wichtig sind und dadurch die allgemeine Lebenskultur bestimmen, in deren Zusammenhang sich jeder je nach seinen Möglichkeiten entwickeln kann.

»Im Grunde aber sind wir Alle kollektive Wesen, wir mögen uns stellen, wie wir wollen. Denn wie Weniges haben wir und sind wir, das wir im reinsten Sinne unser Eigentum nennen. Wir müssen Alle empfangen und lernen, sowohl von denen, die vor uns waren, als von denen, die mit uns sind. Selbst das größte Genie würde nicht weit kommen, wenn es Alles seinem eigenen Inneren verdanken wollte. Das begreifen aber viele sehr gute Menschen nicht und tappen mit ihren Träumen von Originalität ein halbes Leben im Dunkeln ... Und was ist denn überhaupt Gutes an uns, wenn es nicht die Kraft und Neigung ist, die Mittel der äußeren Welt an uns heranzuziehen und unseren höheren Zwecken dienstbar zu machen«, wie Goethe kurz vor seinem Tode bemerkte.

Die Liebe, das Glück übereinstimmender Gefühle, die Eintracht unter Eheleuten, der kindliche Respekt – das alles äußert sich jeweils anders in anderen Zeiten, ist dem historischen Wechsel unterworfen. Die Originalität von Stimmungen und Neigungen erscheint in typischen, zeitgebundenen Formen, die es späteren Generationen erschweren, den darin verborgenen individuellen Geist zu erkennen und zu verstehen. Das typische Verhalten gleicht nicht einer mechanischen Anpassung zum Vorteil reibungsloser Funktionstüchtigkeit. Im Typos veranschaulicht sich immer eine Aneignung der äußeren Welt für die eigenen höheren Zwecke, die darin bestehen, richtig auf dieser Welt zu leben und sittlichen wie ästhetischen Anforderungen leicht und ungezwungen zu genügen. Insofern bedarf die Liebe besonderer Einhegung durch Höflichkeit, schöne Sitten, Eleganz, Takt, eben der Gebote der Vernunft des Herzens, um die Sexualität zu bändigen und zu stilisieren.

Das alles gehört in das Reich der Kultur und der Zivilisierung des Menschen, was heißt, dass man sich von den Zwängen der natürlichen Bedürfnisse befreit und selbst gesetzten Regeln gehorcht, durch deren Verbindlichkeit sich Erotik und Liebeskunst im Verein mit dem guten Geschmack durchsetzen, in immer wechselnder Folge und mit ihren jeweiligen Nuancierungen. Alles, was dem Leben

Glanz verleiht, was mit der Schönheit zusammenhängt und das Leben immer lebendig hält und schön macht, ergibt sich aus der Liebe, die es jedem erlaubt, von ihr ergriffen oder beschenkt zu werden, zu sich selbst zu finden in der dauernden Sorge und Fürsorge für die Geliebte. Alle Philosophie und Theologie ist daher eine Ausfaltung der Liebe als Lebensmacht, die zur Schönheit und Wahrheit hin leitet, zum *splendor veritatis* in Gott, bei dem Schönheit, Wahrheit und Liebe in eins fallen.

Man muss weder Platon noch Thomas von Aquin, diese Poeten und Theologen vergeistigter Liebeskunst, kennen – ihre immer neu variierten Ideen schwingen weiterhin mit in der Luft zwischen den Dingen, im Ambiente, in dem wir leben und in dem wir bewusst wie unbewusst unsere Gefühle, unseren Geschmack und gerade auch unsere Liebe erleben und stilisieren. Es ist nicht weiter verwunderlich, dass bei der Ästhetisierung der Liebe und während der dauernden Suche nach einem wie auch immer gearteten glückseligen Leben die Monogamie als die angemessenste Form institutionalisierten Zusammenlebens idealisiert wurde. Mit ihr beginnt die Disziplinierung der Geschlechtlichkeit. Sie besaß sehr viele weitere Vorzüge geselliger und rechtlicher Art. Sie gehört seitdem zur Kultur als der Natur des Menschen und setzt sich unter dem Druck der zivilisatorischen Angleichung im Zuge der kapitalistischen Weltdurchdringung allgemein als Modell durch.

Die Monogamie lässt sich aber auch als unmittelbare Folge der erotischen Verfeinerungsschübe hin zur Liebeskunst und einem Liebesideal begreifen. Die Liebe verlangt in diesen Traditionen nach Ausschließlichkeit, nach Treue in der Liebesgemeinschaft. Obschon Ehen in der Regel aufgrund wirtschaftlicher oder familienpolitischer Überlegungen geschlossen wurden, war es doch möglich, sie mit der Liebe nach und nach zu verknüpfen, da sich während der Ehe Eintracht, Freundschaft und herzliche Zuneigung entwickeln sollten. Polygamie bedeutete dann so viel wie Missbrauch der Frauen, deren Instrumentalisierung zur männlichen Lustbefriedigung. Der Würde und Ehre der Frauen entsprach daher die Monogamie, weil die Frauen in der Einehe als Geliebte seelische Gleichberechtigung finden konnten.

Die Liebesheirat ist durchaus kein modernes Phänomen. Sie ist vielmehr ein Ideal, das im Laufe der Jahrhunderte an Überzeugungskraft gewann und eine Ehe ohne Liebe endlich in den Ruf brachte, ein Institut zur Ausbeutung der Frau zu sein. Die Geschichte von Ehe und Familie lässt sich als eine immer wieder unterbrochene, aber unaufhörliche Entwicklung verstehen, die sich dem höchsten Ideal annähert, um ihm zur Erscheinung in der Realität zu verhelfen: der Liebesheirat. Denn diese setzt die Emanzipation der Frau voraus, ihre Befreiung zu Selbstständigkeit und zu ihrer wahren Ehre und Würde, die sich in ihrer Freiheit bekundet, der Stimme des Herzens, den Geboten der Liebe zu folgen.

Zu dieser vollständigen Freiheit kommt es erst, wenn die Entfremdung der Menschen durch die kapitalistischen Produktionsverhältnisse und alle anderen ökonomischen Nebenrücksichten aufgehoben sein werden, wie Friedrich Engels annahm. Dann können sich die Freien endlich in aller Freiheit auf ihre Liebe verlassen und eine Ehe aus gegenseitiger Zuneigung schließen. Sie kann nur eine Einzelehe sein, weil die Liebe ausschließender Art ist. Die Liebe und das Glück wollen Dauer als Ewigkeit in der Endlichkeit. Sie sind nicht das Ergebnis eines Feuerwerks der Hormone, sondern der freien Phantasie der Einzelnen, die in der Liebe zu sich als gesteigerte Gestalten finden wollen und, wie sie glauben, auch können.

Je mehr sie der Liebe vertrauen, desto weiter entfernen sie sich von der Natur, ihrer Stiefmutter, und kultivieren sich, was heißt, dass sie sich fort und fort humanisieren. Denn der Mensch steht für den Menschen stets im Mittelpunkt, was immer auch die Biologen davon halten mögen, die allerdings für die Liebe, welche ein geistig-kulturelles Phänomen ist, nicht zuständig sind. Dem Ideal widerspricht es nicht, wenn es selten erreicht oder unentwegt verletzt wird. Die Kultivierung und Humanisierung der Sexualität setzt deren Wirksamkeit nicht außer Kraft. Es gab immer Seitensprünge, Treuebrüche, Betrug und Scheidungen oder Trennungen, nicht zuletzt weil die Ehe unter ehrbaren Leuten möglichst nicht allzu eindeutig mit Freude am geschlechtlichen Austausch verbunden sein sollte. Zum Zwecke des Lustgewinns gab es Bordelle für den groben, gebildete Hetären oder Mätressen für den gehobeneren Geschmack. Frauen konnten sich an ständige Begleiter, an ihren Cicisbeo oder Hausfreund halten. Insgesamt mussten sie vorsichtiger sein als die Männer. Aber natürlich kam es immer zu überraschenden Verbindungen: Der Witz über den Ehemann, der als Einziger nicht weiß, dass er betrogen wird, gehört zu den ältesten der Welt.

Mittlerweile gehört more joy of sex ganz selbstverständlich zum gelungenen Glück in der Ehe. Glück, Liebe, Ehe und Sexualität vermischen sich miteinander und verlangen nach Einfühlungsvermögen, Umsicht, Seelenbildung und weiteren Tugenden, damit die Liebe wirklich zur großen, alle Erprobungen überstehende Kraft wird. Nicht immer ist eine Zauberflöte da, die dem jeweiligen Tamino und seiner Pamina hilft. Gerade weil die Liebe und das Glück mit ungemein anspruchsvollen Erwartungen verknüpft sind, kommt es bei der Suche danach zu Enttäuschungen und Katastrophen. Die Trennungen nehmen zu, doch auch die abermaligen Versuche, mit anderen nun wirklich Glück zu haben.

Denn die sukzessive Polygamie, wie sie von den hohen Scheidungs- und Wiederverheiratungszahlen angezeigt wird, widerlegt nicht das Ideal der Liebesheirat in der Einzelehe. Denn die Geschiedenen suchen ja in der nächsten Ehe, was sie in der ersten nicht gefunden haben. Selbst wer sich vorerst oder überhaupt nicht verehelicht, widerlegt nicht die Idealität der Liebe, die ihm in der Freundschaft oder amitié begegnet, ohne deshalb eine weitere institutionelle Garantie zu benötigen. Die Liebe bedarf nicht der Ehe – das ist eine alte Erfahrung –, aber eine Ehe ohne Liebe ist heute nicht mehr möglich, denn die Liebe ist auf jeden Fall eine Macht, die anerkannt wird und ohne die das Leben als unvollständig, arm und als trostlos erachtet wird. Darin drückt sich nicht illusionäre Romantik aus. Vernunft kann selbstverständlich auch mit der Liebe in Eintracht leben.

Eine reiche Mutter kann auch eine liebenswerte Tochter haben, wie Schwaben immer schon wussten. Und die Liebe ergibt sich meist in der vertrauten räumlichen und sozialen Umgebung. Die Vernunftgründe sichern die Fundamente, aber die Liebe, die alle materiellen und geistig-seelischen Gemeinsamkeiten zusammenhält und Gegensätze abschwächt oder versöhnt, ist als ein lebensvolles Ganzes mehr als die Summe vieler Teile. Die nicht zu erschütternde Hoffnung auf Liebe ist wahrscheinlich das Ergebnis einer vollständig unpoetischen Lebenswirklichkeit, die das Leben selbst nach und nach nicht nur entzaubert, sondern zu ersticken droht. In dieser verwalteten Welt, in der der Einzelne auf Funktionen reduziert und dressiert wird, spürt er nur seine Weltfremdheit, seine Entfremdung. Sie ist die Voraussetzung dafür, dass er sich in den Mechanismen des Wettbewerbs seines Marktwertes bewusst wird, sich marktgerecht verhält, stets flexibel, einsatzfähig und verwertbar bleibt und als neugieriger Verbraucher dafür sorgt, dass er, durch den Markt dynamisiert, diesen ununterbrochen belebt und in Bewegung hält.

Sein Glück besteht darin, gerade nicht nach seinem ganz persönlichen Glück zu streben und sich damit etwa vom Marktangebot zu entfernen, sondern mitten im System von Angebot und Nachfrage als emsiges Betriebselement zu glückhaften Momenten zu gelangen in allen möglichen Paradiesen, in denen ihm das Unerwartete sogar zum Sonderpreis angeboten wird. Es gibt längst eine sehr differenzierte Liebesindustrie, die davon lebt, die unberechenbare Liebe zu standardisieren und für alle Orientierungen genug im Angebot zu haben. Aber möglichst soll keiner von den Standards abweichen, denn das brächte die Erotikproduktion in Schwierigkeiten und würde Arbeitsplätze gefährden. Sexualität ist voll integriert in die sich beschleunigenden Produktions- und Verbrauchsabläufe. Selbst die Liebe, auf sexualtechnisches Zubehör normiert, soll dem Menschen, der eigenen

Phantasie, entzogen werden, und zwar möglichst über eine Produktpalette, die für jeden Geschmack Überraschungen bereithält.

Der Liebende ist ein armer Teufel. Unter solchen Bedingungen ist es aber ein fast heroisches Unterfangen, sich den industriellen Glücksverheißungen zu entziehen und auf eigene Faust nach dem Glück, der großen Liebe zu jagen und allen übrigen Verheißungen ein Schnippchen zu schlagen. Viel mehr als die Liebe bleibt ja nicht, um nicht vor lauter Einpassung und Anpassung an Spielregeln und Marktgewohnheiten sich selbst zu verlieren. In diesem zähen Beharren auf Liebe äußert sich ein letzter Widerstand, ein menschlicher Widerstand, dem Philosophen ohnehin, aber vielleicht bald auch die Kirche ihren Respekt nicht verweigern können. Denn was ist der Mensch ohne Liebe? Wie die Kirche lehrt, und wie die Philosophen vermuteten, ein schallendes Nichts, um seine Substanz gebracht, um seine Menschlichkeit. Der Wunsch nach einer Liebesheirat ist der verzweifelte Wunsch des Menschen, ein *homo vere humanus* zu sein.

II.

Das griechische Haus, die Hausfrau und der freie Mann

Um einer Frau willen kam es zum Trojanischen Krieg, der die Phantasie der Griechen, später der Römer und endlich der Europäer immer wieder beschäftigte. Helena, die herrliche, entzückte den Paris, dessen Schönheit sie wiederum betörte. Mit ihm verließ sie Hals über Kopf Haus und Hof, den Ehemann Menelaos und die Tochter Hermione, um dem Geliebten nach Troja zu folgen. Der betrogene Gatte konnte seine Frau nicht vergessen, und seine griechischen Freunde hielten es für selbstverständlich, ihn bei seiner Absicht zu unterstützen, die Treulos-Allerschönste zurückzuerobern. Die vor Troja Kämpfenden waren sich unbedingt einig: »Tadelt nicht die Troer und die hellumschienten Achaier, / die um ein solches Weib so lang' ausharren im Elend! / Einer unsterblichen Göttin fürwahr gleicht jene vom Ansehn!«

Jahrhunderte später begriffen griechische Männer kaum noch, warum sich ihre Vorfahren nur wegen einer Frau so übermäßig aufgeregt haben, dazu noch über eine ungetreue. Sie hatten längst auf die archaisch-ritterliche Galanterie verzichtet, zu der unbedingt gehörte, dass man sich trotz der empörenden Eigenwilligkeiten einer großen Dame nicht darin beirren ließ, sie weiterhin zu bewundern und von ihr begeistert zu neuen, ungewohnten Taten aufzubrechen. Eine Ehebrecherin verdiente keine Nachsicht, und Frauen, die ins Gerede kamen, hatten offensichtlich den Anstand verloren und die Ehre des Hauses verletzt. Die Zierde der Frauen ist es, wie Sophokles knapp bemerkte, zu schweigen und dafür zu sorgen, dass über sie geschwiegen wird. Die mythischen und heroischen Zeiten waren vorbei, in denen Göttinnen, Nymphen, Königinnen oder Prinzessinnen mit stolzen, einsamen Entschlüssen eindringlich auf sich aufmerksam machten. Die Frau war zur Hausfrau geworden; je vornehmer, desto rigoroser wurde sie im Hause festgehalten. Sie hatte in der Öffentlichkeit nichts zu suchen, weil nichts verloren.

Das Öffentliche und das Private waren schroff getrennt. Die Öffentlichkeit galt als die Sphäre des Mannes – die Volksversammlung, das Gericht, der Militärdienst, Sport oder Theater. Der freie Mann gehörte ganz der Polis, der Gemeinde. Sie konnte sein Denken und seinen Glauben kontrollieren, ihn wegen der geringsten politischen Eigenmächtigkeiten oder Launen verbannen, aber sie konnte kaum in die Haushalte eingreifen. Es sei denn, erwachsene Söhne suchten in Auseinandersetzungen mit dem Vater, dem Vormund oder anderen Verwandten – meist in finanziellen und Erbschaftsangelegenheiten – den Rechtsschutz, der ihnen als Bürger nicht verweigert werden konnte. Insgesamt herrschte der *Kyrios* im Hause, das über die Familie hinaus ein Wirtschafts- und Produktionsverband war, zu dem vor allem Sklaven gehörten, Erzieher oder anderes Personal, das zuweilen auch Flüchtlinge und Fremde, stets auch in Schwierigkeiten geratene Verwandte umfassen konnte. Die Frau war zwar, wie jeder im Haus, rechtlich dem *Kyrios* untergeordnet, doch zugleich unterlag ihrer Aufsicht und Verwaltung der gesamte Haushalt.

Sie war die Herrin in diesem privaten Reich, um das sich die Ehemänner nur dann kümmerten, wenn etwas nicht funktionierte. Dafür heirateten sie ja, um sich von der praktischen Haushaltsführung zu entlasten. Insofern verfügte eine kluge Ehefrau über erhebliche Möglichkeiten der Mitbestimmung. Sie organisierte und beaufsichtigte die mannigfachen Arbeiten innerhalb des Hauses, und das war viel; so wurden vom Spinnen über das Weben die meisten Textilien im Hause produziert und verarbeitet. Immerhin gab es genug Spott über Ehemänner, die unter der Fuchtel ihrer Frau standen und schon allein deswegen lieber in der Schenke saßen, als sich daheim zu beschäftigen.

Hippolytos, der allerdings als keuscher Jüngling von seiner Stiefmutter Phädra bedrängt worden war und Frauen fürchtete, schwärmte für möglichst einfältige Hausfrauen. Kluge seien gefährlich, weil sie weiter dächten als notwendig. Ein gedankenloses Weib sei durch ihre Dummheit vor Bosheit geschützt, während die Klugen und auch noch Schönen zur Arglist verführt würden. Hippolytos verstand im Übrigen nicht recht, warum die Götter es so eingerichtet hatten, dass Männer sich mit solchen Frauen zusammentun mussten, um für den Nachwuchs zu sorgen. Als erotischem Phlegmatiker erschien es ihm viel einfacher und bequemer, Kinder gleichsam vom Baume zu schütteln. Als Zweck der Ehe galt es, neben einer guten Hausverwalterin eine respektable Mutter für die erhofften Kinder zu gewinnen. Irgendwelche sentimentalen Bedürfnisse spielten keine Rolle. Die Hausverwaltung und Hauswirtschaft war ein Element der öffentlichen Ordnung, ja die Grundlage der Gemeinde und des politischen Zusammenlebens. Es lag im Interesse der Polis, die Haushaltungen der freien

Bürger in ihrer Existenz und gedeihlichen Fortentwicklung gesichert zu wissen. Sofern sich damit Gefühle vermischten, galten sie unmittelbar der Stadt, deren Ruhm und Wohlstand.

Die Ehen wurden von zwei Haushaltsvorständen arrangiert, die von den Arrangements Betroffenen hatten sich in die Abmachungen zu fügen. Da die Geschlechter, außer in Sparta, streng getrennt voneinander aufwuchsen und keine Gelegenheiten zu Flirt oder Werbung bestanden, konnten sich die künftigen Eheleute höchstens flüchtig kennen, wenn sie sehr eng miteinander verwandt waren und sich gelegentlich schon bei Besuchen gesehen hatten. Da in der Regel Verwandte unter sich heirateten, sogar Halbgeschwister, um den Besitz zusammenzuhalten, waren sich die Heiratskandidaten meistens nicht vollkommen fremd. Was aber auch wieder nicht viel bedeutete, weil die Männer bei der Heirat erheblich älter waren als ihre Frauen. Ein Mann konnte erst heiraten, sobald seine Schwestern versorgt waren und sein Vater ihn finanziell unabhängig machte. Die Väter schoben das oft lange hinaus, was gar nicht so selten zu recht unerfreulichen Streitereien führte, die eindrucksvoll die Vorzüge des Zölibates und damit der Kinderlosigkeit verdeutlichten.

Die Männer befanden sich etwa im dreißigsten Lebensjahr, die Frauen sollten möglichst unter 18 sein, nicht jünger als 14. Dieser Altersunterschied brachte es mit sich, dass die jungen Mütter, sofern sie nicht allzu früh verstarben, später meist eine sehr viel engere Beziehung zu ihren Söhnen hatten als zu ihren Männern. Sie wurden gleichsam zur Freundin ihrer Söhne, um deren Erziehung sie sich in der frühen Jugend gekümmert hatten, und unterstützten sie bei Auseinandersetzungen mit dem Hausherrn, dessen Befehlsgewalt auch ihnen zuweilen lästig fiel. Insofern ergab sich die sonderbare Konstellation, dass in der Kernfamilie eine herzliche Verbundenheit zwischen Mutter und Sohn herrschte, zum Gatten und Vater hingegen eine respektvolle Distanz gewahrt wurde. Das ist andererseits wiederum nicht überraschend, weil das junge Mädchen von ihrem Manne erzogen wurde, der sie in fast allen Zweigen ihrer künftigen Tätigkeit unterrichtete, um sich eine perfekte Hausfrau zu erziehen, der er mühelos vertrauen konnte in der Gewissheit, frei zu sein für seine öffentlichen Pflichten und Unterhaltungen.

Der Ruhm seines Hauses beruhte darauf, dass es gut geführt und verwaltet wurde. Eine Frau fand ihre Ehre gerade darin, als Hausherrin geachtet zu werden und damit das Ansehen des Hauses zu erhalten und zu mehren. Es fällt modernen Menschen sehr schwer, sich die mögliche Zufriedenheit griechischer Ehefrauen unter solch unpersönlich wirkenden Bedingungen vorzustellen. Damals aber dachten Frauen wie die Männer im Sinne des *Oikos*, der sozialen Einrichtung: Die Ehe und die Familie mussten sich der Einrichtung einfügen, oder besser: einordnen. Intimität wurde nicht erwartet, ja sie war unmöglich, da die Familienglieder nie für sich allein sein konnten. Sklaven, Verwandte, Gastfreunde, oft Geschäftsreisende erweiterten den Kern zu einer Beziehungsgemeinschaft mit ihren Rechten und Pflichten. Die moderne Subjektivität – die emsige Zergliederung der ureigensten seelischen Sensationen, die intensive Beschäftigung mit dem eigenen, kostbaren und so oft unverstandenen Ich – war gänzlich unbekannt.

Glücklich durfte sich nennen, wer zu Hause unbehelligt von den Unwägbarkeiten individueller Daseinsgefräßigkeit leben konnte. Die Zeit, die Umwelt, die Geschichte hielten ohnehin dauernd Überraschungen und Erfahrungen bereit, denen man lieber nicht ausgesetzt gewesen wäre. Deshalb sollte der *Oikos* ein Raum der Ruhe sein, entrückt allem, was Griechen sonst lieb und teuer war, auch dem kritischen Diskurs. Nicht einmal Eros, der unberechenbare, sollte mit seinen Pfeilen für Verwirrung und Unordnung sorgen. Sofern die Frau darauf besteht, werden dreimal im Monat die ehelichen Pflichten vollzogen, wobei umsichtig darauf geachtet wird, dass die Pflichterfüllung nicht etwa zum Vergnügen ausartet.

Die Ehe ist eine viel zu ernste Einrichtung, als dass sie leichtsinnig für Lustgewinn und anderen Zeitvertreib ausgenutzt werden sollte. Es wäre nicht nur frivol, sondern geradezu pervers, mit einer Dame, einer anständigen Frau und Hausfrau, während nächtlicher Besuche unanständig und respektlos zu verkehren. Sie könnte dauerhaft auf törichte Gedanken kommen und Übungen erwarten, die sich schlichtweg nicht gehören. Es ist deshalb unsittlich und unvornehm, Ehefrauen wie Gespielinnen, wie Dirnen zu behandeln. Darin waren sich alle Hellenen einig, die ihre jungen Frauen auch in dieser Hinsicht erzogen. Für das, was wir heute grob und unfein Sexualität nennen, gab es keinen Platz in der griechischen Ehe. Ob die Frauen das sehr vermissten, ist keineswegs sicher. Demokraten können sich, wie Alexis de Tocqueville um 1831 in den USA beobachtete, nur in Menschen hineinversetzen, die ihnen gleich sind. Wer nicht ihren Lebensvorstellungen entspricht, muss ganz einfach unglücklich sein. Liebe und Sexualität sind zu verschiedenen Zeiten sehr verschieden nuancierte Erlebnisse, schon allein, weil »das Erlebnis« eine ganz neue und für ferne und erst einmal sehr fremde Zeiten eine ungewohnte und unpassende Kategorie ist.

Wer sich für Sex interessierte, ging ins Bordell, das war für junge Männer während und nach der Pubertät normal. Der kultivierte Demokrat in Athen, der Erotik und Ästhetik schätzte, ging zu den Hetären, geistreich verspielten Schönheiten, deren sprudelnder Geist auch dann noch überwältigte, wenn sie sich ihrer Schönheit gar nicht mehr gewiss sein konnten. Aspasia, die Geliebte des Perikles, ist dafür das beste Beispiel. Der wichtigste Athener Staatsmann war ihr völlig untertan, aus Liebe und Begeisterung, er folgte ihrem Rat selbst in politischen Angelegenheiten, er konnte ohne sie nicht sein. Er liebte sie, und sie liebte ihn noch mehr, so sehr, dass sie die Dirnen aussuchte, mit denen er sich auf eine Art vergnügen konnte, die ihr zu unelegant war. Die große Aspasia verhielt sich fast so wie jede Ehefrau: Sie hatte Geduld mit den banalen Unerzogenheiten der Männer. Gleichwohl war sie benachteiligt, obschon als Geliebte bevorzugt.

Nur Bürgerinnen Athens konnten in rechtmäßiger Ehe neue Bürger Athens gebären. Das war das Privileg der Ehefrauen. Uneheliche Kinder besaßen kein Bürgerrecht. Von den Ehefrauen hing nicht nur die Zukunft des *Oikos*, sondern auch die der Stadt ab. Freie Bürger waren immer eine Minderheit, und sie brauchten Frauen, die mit ihren durch die Ehe legitimierten Kindern die Fortdauer des Hauses und der Polis garantierten. Insofern war die häusliche Privatheit sehr mit den öffentlichen Interessen verbunden. Jede Ehefrau war mächtiger als die glücklichste Geliebte.

Zumal sie eines wusste: Die Götter standen auf ihrer Seite. Die Polis war eine Kultgemeinschaft und die Religion deshalb eine öffentliche, staatliche Angelegenheit. Der *Oikos* als Grundform der allgemeinen Ordnung war deshalb ein Raum, erfüllt mit religiösen Bildern und Symbolen, die verdeutlichten, dass er unter dem Schutz der Götter stehe, um deren Huld und Wohlwollen sich die Hausbewohner durch frommes Betragen bemühen mussten.

Hera und Zeus, dem heiligen Ehepaar, den Hütern von Keuschheit, Treue und ehelicher Eintracht, wurden bei der Eheschließung Opfer dargebracht, um sich ihres dauernden Segens zu vergewissern. Der Ehemann und die Söhne gehörten zu einer der religiösen Bruderschaften, den Phratrien, in die sich die Stadt unterteilte. Die Frauen besaßen ihre eigenen Kultgemeinschaften, deren religiöse Dienste und Feiern Gelegenheit boten, in der Öffentlichkeit zu erscheinen, möglichst unauffällig, bescheiden und zurückhaltend. Die besondere, durch die Religion überhöhte Würde und Weihe des Hauses und der Ehe gebot eine gewisse erotische Askese, wie überhaupt Disziplin im Umgang untereinander. Verstieß ein Ehemann allzu häufig dagegen, konnte er von den Verwandten der Frau ermahnt werden, und sie konnte, wenn er sich nicht besserte, die Scheidung verlangen, wobei sie sich auf die Unterstützung ihrer Brüder und Onkel verlassen konnte. Es waren paradoxerweise Männer, die das Verhalten von Männern kontrollierten und damit die Frauen davor bewahrten, zu Opfern männlicher Willkür zu werden.

Die erotischen Freiheiten, die sich Männer außerhalb des Hauses gönnten, waren ihnen aber nur mit Frauen wie Hetären oder Dirnen erlaubt, die kein Bürgerrecht besaßen.

Affären mit Bürgerinnen und vor allem Ehefrauen konnten den Verlust des Bürgerrechtes zur Folge haben oder mit dem Tode enden, da jeder das Recht hatte, den ertappten Ehebrecher sofort zu erschlagen. War die Frau die Schuldige, was aber selten bewiesen werden konnte, wurde sie aus dem Hause verstoßen, von allen religiösen Zeremonien ausgeschlossen und verlor ihr Bürgerrecht. Ihre Verwandten, kaum zur Solidarität mit einer Entehrten angehalten, die Schande auch über sie brachte, verbargen sie möglichst im Ausland, also in einer anderen Stadt, wo keiner sie richtig kannte.

Die Drohung, das Haus zu verlassen, bewirkte meist, dass die Männer zur gebotenen Höflichkeit zurückfanden. Denn eine Scheidung bedeutete, dass die Mitgift der Frau zurückerstattet werden musste und das Erbe der Kinder geschmälert wurde. Da sämtliche Kinder in gleicher Weise erbberechtigt waren, konnte das zu erheblichen Nachteilen führen, da selbst in Athen nur sehr wenige Bürger große Vermögen besaßen. Die Frauen verfügten also über einige Mittel, ihre Interessen und Vorteile zu wahren. Die Männer wiederum, ohnehin mit ihren öffentlichen Angelegenheiten und Geselligkeiten beschäftigt, achteten als die Älteren darauf, den häuslichen Frieden nicht über Gebühr zu belasten. Das fiel in der Regel nicht besonders schwer, weil sich die Eheleute kaum sahen, selten miteinander aßen und noch seltener miteinander redeten. Also entfiel eine ganze Reihe von Möglichkeiten, einander auf die Nerven zu gehen.

Insofern ist es nicht verwunderlich, dass die Eintracht, die Übereinstimmung der Gemüter, wechselseitiges Wohlwollen, kurz die Gattenliebe als hohes Ideal nicht nur beschworen, sondern als wechselseitiges Geschenk lebhaft empfunden wurde. Es gab Männer, die beteuerten, ihre Frauen über alles zu lieben. Dass ein solches Bekenntnis niemanden schockierte, beweist, dass die Gattenliebe als etwas durchaus Normales galt. Liebenswürdige Epigramme, nahezu innige Grabreliefs veranschaulichen einen Respekt, eine Höflichkeit und darin verborgene, ganz intime Regungen, die als Liebesbekundungen verstanden werden sollten und wohl auch als solche aufgefasst wurden. Nicht sentimentale Expressionismen, sondern wechselseitige Achtung, Rücksicht auf die jeweilige Ehre, freundschaftliche Zusammenarbeit ermöglichten eine harmonische Ehe. Beide Gatten verband außerdem die Liebe zu den Kindern. Wie Kinder die Ehe zur Familie, ihrem Endzweck, erweiterten, steigerte die Liebe zu ihnen die eheliche Harmonie zum Glück, das allein die Familie als Kern des Hauses verschafft.

Wer keine Kinder habe, der könne nicht ahnen, was Glück sei, bemerkte der Philosoph Aristoteles, der nicht im Rufe steht, Gefühlen eine übertriebene Beachtung zu schenken. Obschon die Hälfte aller Kinder nicht einmal das zehnte Jahr erreichte, wurde ihr Tod betrauert, allerdings wurde Trauer auch verlangt. Da es keine Intimität in der Polis gab, selbst Gefühle öffentlicher Stilisierung unterlagen, ist es schwer, das für uns so Wichtige, den unverwechselbaren persönlichen Ausdruck, dabei zu erkennen. Die Fülle von Eroten, geflügelten Kindern und seligen Geistern weist immerhin auf eine liebenswürdige Freude am Kleinen und Kindlichen hin, was nicht selbstverständlich ist. Denn gleichzeitig wurde rigoros Familienplanung betrieben. Die Familie konnte nicht klein genug sein, im Idealfall umfasste sie einen Sohn und eine Tochter.

Da die Kindersterblichkeit sehr hoch war, bedurfte es meist sechs oder sieben Geburten, um wenigstens zwei oder drei Kinder aufwachsen zu sehen. Oft starben die Frauen im Kindbett, so dass, wegen des erwünschten Nachwuchses, eine zweite oder dritte Ehe geschlossen wurde. Hatte ein Ehepaar – vorerst – genug Kinder, dann wurden die verschiedensten Methoden der Verhütung – magische oder medizinische Techniken – eingesetzt, Abtreibungen vorgenommen oder die Neugeborenen ausgesetzt, möglichst an Orten, wo sie gefunden werden konnten. Abtreibung galt als ein Unrecht, war aber straffrei, es sei denn, die Frau hatte sich ohne Einwilligung des Mannes dazu entschlossen. Kinder gehörten zum Haus und dem Hausherrn; ihm ein Kind zu entziehen war deshalb ein strafwürdiges Vergehen.

Außerdem war die Frau – nach damaligen medizinischen Theorien – nur die Gebärerin des Kindes, das als eine Frucht des männlichen Samens galt und nicht der Frau gehörte, die gleichsam nur die Treuhänderin eines ihr übertragenen Gutes war. In den ersten sieben Tagen nach der Geburt entschied der Vater, ob er es annahm, aussetzte oder wegen Missbildung töten ließ. Töchter, die wegen der Mitgift bei der Verheiratung kostspielig werden konnten, waren ausgesprochen unerwünscht. Dagegen brauchte die Polis Nachwuchs für die Klasse der wehrfähigen Bürger, die gegenüber Sklaven, Ausländern mit Aufenthaltserlaubnis oder vorübergehend sesshaften Zugereisten immer eine Minderheit bildete. Erstaunlicherweise gab es bei einem Staat, der sich in fast alles einmischte, keine »Bevölkerungspolitik« in den Poleis, obschon Hellas insgesamt die Toten schon im Übergang zum 4. Jahrhundert v. Chr. nicht mehr durch Geburten hinreichend ersetzen konnte.

Seit dem Ende des Peloponnesischen Krieges im Jahr 404 v. Chr., des großen Krieges unter den Griechen, beginnt die allmähliche Entvölkerung Griechenlands. Nicht nur der Geburtenmangel führte zur Katastrophe. Die Griechen waren im Kriege schlimmer als alle »Barbaren«. In besiegten Städten wurden nicht nur die kämpfenden Männer erschlagen, sondern mit ihnen zugleich die Söhne, oft noch Kinder, damit keiner später die ermordeten Väter rächen könne. Niederlagen lösten Selbstmordepidemien unter Frauen aus, weil ein freier Tod der unvermeidlichen Sklaverei vorzuziehen war. Das so genannte klassische Griechenland, von seligen Göttern an der Schönheit Gängelband geführt, war eine ungemein robuste und traurige Welt, in der täglich mit dem Schlimmsten gerechnet werden musste. Fiel einer nicht in die Hände des äußeren Feindes, dann sorgten Spitzel und Verleumder, die unvermeidlichen Hüter einer demokratischen Wertegemeinschaft in Athen und anderswo, für Berufsverbote, Säuberungen, Schauprozesse – wie im berühmtesten Fall, dem Fall Sokrates – und Enteignungen oder Verbannung.

Die Familien blieben klein. Bei der frühen Sterblichkeit der Menschen gab es nur wenige Kinder, die beide Eltern kannten. Die Stiefmutter war schon damals eine übel beleumundete Person. Aber viele Kinder wuchsen als Vollwaisen bei Verwandten oder bei Freunden ihrer Eltern auf. Alle sorgsamen Empfehlungen heutiger Soziologen und Psychologen, die frühkindliche Seele nicht unnatürlich zu belasten und dauerhaft zu beschädigen, erweisen sich als ziemlich »unnatürlich« und phantastisch angesichts dieser griechischen Wirklichkeit. Der Tod herrschte über das Leben. Das tut er zwar immer, aber seine Herrschaft war nie so krass und brutal wie in den Zeiten, in die wir uns Welten der Schönheit, der Sinnenlust und irdischer Seligkeit hineinträumen. Gerade weil der Lebensfaden unerwartet abgeschnitten werden konnte – durch Krieg, mangelnde Hygiene, schlechte Ernährung oder Seuchen –, gerade weil es keine »Gemütlichkeit« gab, weil alles unbeständig und ungewiss war, hingen Geschwister aneinander, sorgten sich Söhne um ihre verwitweten Mütter, betrauerten Väter ihre verlorenen Kinder und Frauen. Sie nahmen hin, was die Götter verfügten, aber in der geduldigen Resignation ins Unabwendbare klingen eigene, ungewöhnliche Töne mit, die jedenfalls die immer noch verbreitete Vorstellung vom herzlos-pragmatischen Familiengeist unter den Griechen unbedingt widerlegen. Haus und Familie waren wichtige Einrichtungen, sie entschieden über die Existenz im umfassenden Sinn, über Glauben, Haltung und Innigkeit in einer uns wegen ihrer Formalisierung schwer erreichbaren »Ausdruckswelt«.

Frauen und Männer lebten nach der Kindheit in verschiedenen Räumen und Welten. Deshalb blieb die gemeinsame Kindheit für sie ein wunderbares Reich, weil sie mit Geschwistern und Spielgefährten in einer Einheit verbunden waren, jener Einheit, nach der sich Sokrates und Platon sehnten, wenn sie die Zerrissenheit im Menschen wieder zur ursprünglichen Harmonie zurückführen wollten. Es ist die Liebe, die versöhnt, Eintracht stiftet und zur Schönheit leitet, zur Begeisterung für alles, was den Tod überdauert. Das Schöne ist eine Idee, die vorübergehend in diesem Reich des Vergänglichen rein und überwältigend erscheint: im schönen jungen Mann, im Jüngling. Er verkörpert die geschwisterliche Eintracht aller menschlichen

Einzelheiten, die danach streben, ineinander zu verschmelzen und zu einem Kosmos zu werden, zu einer schönen, Staunen erregenden Ordnung, die wieder zerbricht, wenn der Jüngling zum Mann geworden ist.

Es ist gar nicht so absonderlich, dass die Griechen, die wortgewandten Festredner holder Weiblichkeit, gerade im jungen Mann die Schönheit feierten. Die Liebe zu seiner Schönheit war eine völlig interessenlose, sie hatte nichts mit Haus und Familie zu tun, vor allem war sie nicht verquickt mit Zwecken der »Humanreproduktion«. Alles, was mit Produktion oder Gewinn zusammenhing, missfiel anständigen Griechen als egoistisch. Im Bündnis des älteren Liebhabers mit dem jüngeren Geliebten würdigten sie die reine Liebe, die zwei Seelen fast zu einer verschmilzt im wechselseitigen Bestreben, einander zu gefallen. Das hat sehr wenig mit dem zu tun, was wir heute Homosexualität nennen. Denn Liebe unter freien, erwachsenen Männern konnte zum Verlust der Bürgerrechte führen. Wer sich passiv wie eine Frau gebrauchen ließ, war unwürdig, als »Bürger in Uniform« für das Vaterland zu kämpfen. Was ein Herr mit seinen Sklaven trieb, ging allerdings keinen etwas an. Das berührte nicht seine »Bürgerlichkeit«. Erlaubt war auch, was wir heute als »Unzucht mit Abhängigen« unter Strafe stellen. Der Polis war dies, auch bei Frauen und weiblichen Minderjährigen, gleichgültig, weil sie sich generell nicht befugt sah, in die Rechte oder Rechtsanmaßungen des Hausherrn einzugreifen.

Die Liebe von freien Bürgern zu Jünglingen, die unter ihrer Anleitung freie Bürger werden sollten, und deren Begeisterung wiederum für die Älteren, die sie zur Freiheit führten, galt als notwendiger Übergang in der allmählichen Menschwerdung vom unbewussten Kind zum kultivierten, denkenden und mitfühlenden Kulturmenschen. Freiheit braucht, um in der Realität erscheinen zu können, die Schönheit. Davon waren die Griechen überzeugt. Die Schönheit der Formen, der Bewegungen, des Ausdrucks, ästhetische Sitten, die eine Seelenschönheit bekundeten, ungemein abstrakte und ideale Erwartungen wurden mit der sportlichen Eleganz Halbwüchsiger verknüpft, die zu geistiger Eleganz überhaupt gesteigert werden sollte. Der Ältere war der Bildner, der über die Bildung des Jüngeren sich selber weiterbildete, indem er sich von dessen Anmut oder Eigensinn überraschen ließ.

Die Freien befreiten andere und machten darüber ihre Seele schöner, weil sie anderen dazu verhalfen, sich frei und schön zu entwickeln. Diese ganz eigenartigen Beziehungen waren sehr zärtlich und rücksichtsvoll, erotisch verspielt, sind aber mit unseren Begriffen von Sexualität nicht zu »begreifen«. Nach heutigen Vorstellungen handelte es sich schlichtweg um den Missbrauch Minderjähriger, nach damaligen um die Erweckung des Menschen im noch formlosen Kind. Die Knabenliebe war ästhetische Erziehung auf der Grundlage eines erotischen Enthusiasmus. Sobald der junge Mann den »Wehrdienst« antrat und erwachsen wurde, musste er bestätigen, ein sittlich und ästhetisch wohlgeformter Bürger und Mann geworden zu sein. War er es nicht, dann fiel dieser Makel auf seinen früheren Liebhaber zurück, der ein schlechter Bildner zur schönen Menschlichkeit war.

»Zu den Sternen blickst Du, mein Stern. Oh, wär ich der Himmel, / um mit tausend Paar Augen Dich

wiederzusehen«, dichtete Platon in enthusiastischer Anhänglichkeit an einen Knaben. Er ist der feierlich ergrif-
fene theoretische Begründer der »platonischen« Liebe, der
himmlisch-selbstlosen, in ihrer Schönheit selig schwingen-
den, im Gegensatz zur sehr irdischen, rohen Üppigkeit der
Lust und ihrer Begleiter. Die Ehe hatte mit der Lust nichts
zu schaffen, denn das hätte sie zu einem Bordellereignis
erniedrigt. Die Liebe zu Knaben sollte gerade die Lust
ästhetisieren und sie damit von ihren unerquicklichen
Begleiterscheinungen befreien, von Unsauberkeit, fürchter-
lichen Gerüchen, Ausschlag oder anderen Alltäglichkeiten,
die vom hygienischen Gymnasium, vom sportlichen Studio
möglichst fern gehalten wurden.

Die Männerliebe war eine öffentliche Angelegenheit,
weil Männer Öffentlichkeit schufen. Zärtlich mit der
Ehefrau in der Öffentlichkeit umzugehen wäre schlichtweg ein Skandal gewesen. Nur unmissverständliche Situ-
ationen mit »öffentlichen Personen«, Dirnen oder Hetären,
waren nicht weiter peinlich. Es gehörte allerdings eine vernünftige Umsicht dazu, mit dem bevorzugten Knaben
umzugehen. Eindeutig sexuelle Handlungen kamen unter den Blicken der Bürger nicht in Frage. Das gesamte
Verhältnis konnte von vielen beobachtet und beurteilt werden. Es fehlte die Intimität, und deshalb mussten sich
die subtilen Gefühle zeremoniöser Formen bedienen; die
überlegte Künstlichkeit, die Schönheit des Anstands, ver-
lieh diesem Spiel einen geistreichen Charakter, der die
Nähe zu Trieben und deren Befriedigung gerade vergessen machen sollte.

Diese Liebe um der Liebe willen besaß keinen Einfluss
auf die Beziehungen zu Frauen, höchstens dass sie den

Mann dazu befähigte, umstandslos in seiner Frau die Dame anzuerkennen und ihr nichts zuzumuten, was ihrer Würde als ehrbarer Hausfrau widersprach. Die angeblich so sinnenfrohen Griechen misstrauten den Sinnen, pflegten eine gewisse Prüderie, um sich in Enthaltsamkeit zu üben. Philosophen, die wie Epikur dazu rieten, sich vernünftige Genüsse in diesem irdischen Jammertal zu verschaffen, hielten allzu häufigen Verkehr mit Frauen für ausgesprochen ungesund. Er erschöpfe die Männer, mache sie schwach, errege und verweichliche ihre Seele und raube dem Körper wegen des verlorenen Samens unentbehrliche Kraftreserven. Im Grunde unterscheide sich ein Coitus doch kaum von einem epileptischen Anfall, bei dem der Mensch außer sich gerät, wo er doch mehr und mehr sich selbst erkennen und zu sich selber finden soll.

Immerhin entwarfen Stoiker und Epikureer ein differenzierteres Bild der Frauen, die sie den Musen und den Freiheiten, die jene ermöglichen, näher rückten. Das lag nicht zuletzt an dem sozialen Wandel während des kosmopolitischen Hellenismus und seiner Großstadtkultur. Erst nach Alexander dem Großen, am Ende des 4. Jahrhunderts, werden die Hellenen weltläufig und streifen die Spuren zuweilen noch heftiger Provinzialität endgültig ab. Das hatten die Griechen in Unteritalien und auf Sizilien längst schon getan, auch die Griechen in Kleinasien und später in Ägypten. Die Frauen blieben auch weiterhin vorzugsweise auf ihr Haus beschränkt, wie es sich gehörte, aber sie beschäftigten sich nun auch mit Musik und Lyrik, ja bildeten Vereine, um wie alle Welt, also wie die Männer, über philosophische Systeme zu diskutieren oder mit philosopisch begründetem, naturgemäßem Leben zu experimentieren. Es gab Dichterinnen und weibliche Virtuosen, die Kunstreisen unternahmen und ein breites Publikum mit ihren Fähigkeiten überraschten.

Neue Zentren bildeten sich an den Residenzen der Diadochenherrscher. Hier entwickelte sich eine neue höfische Kultur, die ihre Feste, wie alle Aristokratien, um die großen Damen arrangiert. Damit kamen für die Griechen ganz neue Phänomene auf: Kleiderluxus, Mode und Parfüm, Koketterie und erotische Manierismen. Friseure und Köche werden auf einmal ungemein ernst genommen und spielen eine auffallende Rolle. Die Damen und Herren tändeln als Verliebte, ununterbrochen wird geseufzt und ewige Treue geschworen oder unter bitteren Tränen Abschied genommen, wenn der Geliebte zu einer Dienstreise aufbricht. Gefühle werden geweckt und gepflegt. Verliebte Sagen und Legenden kommen in Schwung, Elegie und Idylle verfeinern die liebenden Herzen und unterrichten sie im stilvollen Schmachten.

Es ist eine Art Rokoko, pompös und zierlich, in das die Hellenen nun eintreten. Die großen Hetären werden so berühmt wie die Mätressen seit der Renaissance. All das verschafft den Frauen viel Freiheit und Bewegung. Mit den Königinnen und Prinzessinnen tritt das »politische Weib« auf, intrigant, brillant, exzentrisch, auf jeden Fall darum bemüht, unübersehbar und einflussreich zu sein. Die Frauen prägen nun den Ton der Konversation, und sie bestimmen die Richtung des Gesprächs. Um sie herum entwickelt sich über die Familienbeziehungen hinaus ein gesellschaftlicher Stil, der von nun an nicht mehr ohne die Frau und die Dame des Hauses denkbar ist und der, von den Römern aufgenommen, im westlichen Europa eingebürgert wird. Rom

besiegte alle Völker und machte sich den Erdkreis untertan. Roma ergibt, rückwärts gelesen, Amor, die Liebe. Von
Amor hieß es, dass ihm nichts widerstehen könne: *Amor
vincit omnia.* Die Römer kapitulierten vor seiner Macht, der
Macht der Liebe.

III.

Vom pater familias zur vollkommenen Gattenliebe im Alten Rom

Erst während der Bürgerkriege im ersten Jahrhundert v. Chr. erfährt Venus, die Mutter des Aeneas, der einst Rom gegründet hatte, eine hervorgehobene Berücksichtigung im offiziellen Kult. Sie wird als *Venus victrix*, als die Sieg-verheißende, gefeiert und mit der launischen *Fortuna* ver-bunden, dem unsicheren Glück, das sie dauernd mit der römischen Größe verknüpft. Zur Stammmutter aller Römer erhoben, beschützt sie dieses Reich ohne Ende und wird ge-meinsam mit der *Roma aeterna*, der personifizierten Idee des ewigen Rom, verehrt. In den Mittelpunkt politischer Theologie gerückt, verliert sie freilich nicht ihre anderen Bedeutungen, als *Venus obsequens* die Liebe unter Ehegatten zu fördern oder als *Venus syntrophos* Treue und Eintracht der Gatten zu belohnen. Auf diese beiden Tugenden ist der Staat, dessen Autorität nur eine Erweiterung der *patria potestas* ist, der väterlichen Gewalt, besonders angewiesen.

Die *Concordia*, die Eintracht, bewegt aber auch den gesamten Kosmos, den Venus als Inbegriff der Liebe be-seelt. Wer der Liebe dient, nähert sich der Weltseele und der Macht, die alles ins Leben ruft und in Bewegung hält. *Nemo est bellus nisi qui amavit* – nur wer geliebt hat, ist vollkom-men. Und wer liebt und sich nicht beirren lässt, wie Psyche, die vieles aushielt, um Amor zurückzugewinnen, gelangt in der Ehe in einen heiligen Stand. In der Hochzeit der Liebenden spiegelt sich die mythisch überhöhte Hochzeit von Dionysos und Ariadne, von Venus selbst mit Mars, oder von Jupiter und Juno. Die römische Familie im engen Sinn beruhte nicht auf der Absicht, Kinder in die Welt zu setzen, sondern auf der Übereinstimmung, von nun an miteinander zu leben, in vollständiger Vereinigung: Wo du Gaius bist, werde ich Gaia sein.

Die Eheleute bilden eine *societas*, eine Gemeinschaft, die sich aus ihrer wechselseitigen Bindung ergibt, die Kinder sind nur eine – allerdings wünschenswerte – Nebenfolge. Nicht das Fleisch, wie der Jurist Ulpian im dritten Jahrhundert n. Chr. ausführt, macht die Ehe, sondern die freiwillige Verpflichtung aufgrund von Zuneigung und Wohlwollen. Ungeachtet der berechnenden Arrangements, die den Eheabsprachen zugrunde lagen, konnte, zumindest formell, niemand zur Ehe gezwungen werden. Auch die Töchter besaßen ein Einspruchsrecht. Immerhin versuchten in der späten Republik Väter ihre absolute Gewalt durch Wohlwollen und Freundlichkeit für die ihnen Untergeordneten erträglicher zu machen und die Neigungen der Söhne wie der Töchter bei der Gattenwahl nicht vollständig außer Acht zu lassen.

Augustus und Livia veranschaulichen beispielhaft die eheliche Harmonie. Auf seinem Sterbebett bat er sie, dieser langen Liebe eingedenk zu bleiben, solange sie noch lebe. Gelegentliche Abwechslungen mit Kurtisanen, die Livia aussuchte, berührten nicht die geistige Übereinstimmung und Treue. Drusus war von seiner Liebe zur jüngeren Antonia, der Nichte des Augustus, aber schon so durchdrungen, dass er nicht einmal mehr flüchtig-verspielte Verhältnisse mit anderen Frauen einging. Gerade in den Zeiten, in denen sich die alte republikanische Tugend auflöste, gewann die Ehe zunehmend einen verinnerlichten, sittlichen Charakter. Den hatte sie für die Römer auch früher besessen, aber erst unter dem Einfluss des Hellenismus lockerten sie ihre strenge Schamhaftigkeit und Zurückhaltung und entdeckten die Tugend der Liebenswürdigkeit, die ihre *dignitas* und *severitas*, ihre gesetzte Würde eleganter und anmutig-vornehm machte. Das galt auch für die Frauen. Die berühmten Matronen, wie Cornelia, die Mutter der Gracchen, Aurelia, die Mutter Caesars, oder Atia, die Mutter Octavians, des späteren Augustus, verbanden mühelos aristokratischen Stolz mit umgänglicher Urbanität, gutem Geschmack und feiner literarischer Bildung.

Immerhin hatten sich die römischen Frauen allmählich eine Freiheit erobert, die den Griechinnen unbekannt geblieben war. Wie bei den Griechen unterstand das Haus der Allmacht des *pater familias*. Aber den Frauen gelang es, sich weitgehend dieser Oberherrschaft zu entziehen, indem sie formell auch nach der Heirat der väterlichen Gewalt zugeordnet blieben. Das hatte für sie den Vorteil, eigenes Vermögen besitzen zu können, das dem Einspruch des Gatten oder dessen Verwaltung – wie bei der Mitgift – entzogen war. Der Tod des Vaters war bei der kurzen Lebenserwartung abzusehen, so dass sie in der Regel bald über ihr Erbe und damit über eigene Kapitalien verfügen konnten. Sie unterstanden formell der Vormundschaft des Bruders oder des nächsten männlichen Verwandten, die sie aber kaum daran hinderten, ihre geschäftlichen Interessen zu verfolgen, da sie unter Umständen zu ihren potenziellen Erben zählten. So konnten die Frauen ziemlich selbstständig wirtschaften, wobei der Mann für den gemeinsamen Lebensunterhalt aufkam.

Die Mitgift musste er sorgfältig und getrennt von seinen Finanzen verwalten. Sie war die Altersversorgung der Witwe, die – finanziell seiner Oberherrschaft entzogen – nichts von ihm erben konnte. Die materielle Unabhängigkeit erlaubte alle weiteren Freiheiten: an den Geselligkeiten beteiligt zu sein, ins Theater zu gehen, zu den Spielen und Wettkämpfen, öffentliche Bäder zu besuchen, Einkaufsbummel zu unternehmen, bei Freundinnen zu speisen oder einen Salon zu unterhalten, nicht nur für ästhetische Herzensergießungen, sondern auch um energisch zu politisieren. Nach dem adeligen Vorbild richteten sich die übrigen Bürgerinnen, was den Männern insgesamt einen ungemeinen Vorteil verschaffte: Sie litten nicht mehr wie früher – oft beklagt noch in den Komödien des Plautus – an den tyrannischen Launen ihrer keifenden und herrschsüchtigen Frauen. Allerdings waren sie weltklug dem Vorschlag des Schriftstellers Varro gefolgt: »Die Mängel der Frauen muss man unterdrücken oder ertragen; wenn man sie unterdrückt, macht man seine Frau angenehmer, wenn man sie erträgt, macht man sich selbst angenehmer.« Indem die Männer sich angenehmer machten, lernten die Eheleute sich insgesamt besser zu ertragen und erkannten, dass so genannte Mängel oft nur Einbildungen waren, getäuscht von der eigenen Ungeduld oder Pedanterie.

Die den Frauen zugestandene Freizügigkeit machte das Zusammenleben für beide Teile angenehmer, die jetzt fast zu ihrer Überraschung entdeckten, dass das Zusammenleben – ganz abgesehen von den idealischen Forderungen – tatsächlich Freude und Genuss bereiten konnte, freundliche Zusammenarbeit ermöglichte, ja Freundschaft,

von der es geheißen hatte, dass Frauen gar nicht zu ihr befähigt seien. Da die Ehe auf einer seelischen Bindung beruhte, auf freiem Entschluss, konnte sie selbstverständlich
gelöst werden, sobald sich ihre Voraussetzungen erschöpft
hatten. Die Scheidung war immer erlaubt gewesen, aber es
galt lange als sehr unschicklich, das Scheitern seiner Ehe
zuzugeben. Im Laufe des ersten Jahrhunderts v. Chr. wurden Scheidungen zu ganz normalen, unkomplizierten
Vorgängen.

Hässliche Prozesse sind dabei selten, da die Männer
Kavaliere geworden sind, die eine Frau, welche ihrer über-
drüssig geworden ist, nicht länger dazu verpflichten, es
dennoch mit ihnen auszuhalten. Seelische Grausamkeiten
wollen sie durchaus vermeiden. Die Scheidungsrate ist am
Ende des Jahrhunderts hoch, die Quote derer, die wieder heiraten, ebenfalls. Viele Moralisten klagten über den Verfall
der Sitten, über Treulosigkeiten, erotische Eskapaden von
Damen, die Jünglinge verführten oder ehrbare Männer um
den Verstand brachten. Die Frauen nahmen sich Rechte heraus, die ihnen bislang nicht zustanden; verkehrte der Mann
mit Kurtisanen oder gemeinen Dirnen, so flirteten sie jetzt
ungeniert mit viel versprechenden Studenten, Literaten, jungen Beamten oder verbanden sich auch erotisch mit ehrgeizi-
gen Parteipolitikern. Rom, mittlerweile dabei, eine ziemlich
unübersichtliche Großstadt zu werden, bot mannigfache
Möglichkeiten, sich auf den verschiedensten Niveaus – ob
mondän oder à la Bohème – zu amüsieren.

Das lag nicht zuletzt daran, dass nur freie Bürger
eine rechtsgültige Ehe schließen konnten. Für Sklaven
gab es bis ins zweiten Jahrhundert n. Chr. nur ein wil-
des Zusammenleben, mit Freigelassenen konnte sich kein

Römer verheiraten. Es gab also Massen, die von jeder bürgerlichen Ordnung ausgeschlossen waren und die ihren Vorteil auf dem erotischen Markt suchten, um über Verhältnisse und großzügige Liebhaber oder Freundinnen eine gewisse Sicherheit zu gewinnen. Ein Freigelassener wie der hübsche Trimalchio, der jeden Wunsch nach erotischem Zeitvertreib auf nette Weise erfüllte, brachte es vom Lustknaben und Gigolo zum Großunternehmer und Millionär, treu allein einer hässlichen, früh gealterten Kurtisane.

In dem wirren Treiben der großen Welt und der Halbwelt, fern aller Tugend und feierlicher Ideale, entwickelten sich allerdings Sehnsüchte wie exotische Pflanzen im Treibhaus: das Bedürfnis nach Liebe, nach der großen Liebe, nach der ganz eigenen, durch keine Konventionen verzerrten Liebe. Davon redeten ununterbrochen die verliebten und leidenden Dichter Catull, Tibull und Properz. Sie blieben unglücklich, kosteten die Wonnen ihrer Schmerzen weidlich aus und phantasierten von der Wollust des Liebestodes. Ovid hingegen, älter und schon besonnener, schreibt zwar über die Liebeskunst und andere drastisch-verspielte Themen, was ihm den kaiserlichen Zorn und die Verbannung aus Rom einträgt, aber er ist ein entzückender, aufmerksamer Ehemann, zärtlich geliebt von seiner Frau, die ganz idealisch mitleidet, wenn er leiden muss.

Die beiden bestätigten, was Catull den Ehefrauen wünschte: In eurem Haus möge beständig Eintracht und Liebe sein, und der Gemahl »wird nicht schändlich sich / einer Buhlerin widmen«. Fern von der Geliebten Brust wolle er niemals mehr liegen, sondern wie der Efeu sich um den Baum rankt, möge er in Liebe seine Frau fest umstricken. Hymenäus, der die Liebe bringt, »knüpft die Bande der Ehe«, und es bleibt nur zu hoffen, dass die Liebe »für alle Zeit werde beseligend sein ... dann würde uns es gelingen, zu wahren treuester Liebe / ewigwährenden Bund all unsre Lebenszeit lang«. Die angeblich sittenlosen Poeten träumten von der Liebesheirat und hofften gelegentlich auf das Glück in der Ehe. Von Familie ist dabei wenig die Rede. Das ist nicht weiter verwunderlich, denn Familie in unserem Sinn gab es nicht. Familie meinte, wie bei den Griechen, das Haus und den Haushalt mit allem Gesinde, mit Klienten oder Gastfreunden, aber keine verwandtschaftlichen Beziehungen. Sprach ein Mann von der Familie im engsten Sinn, dann redete er von Weib und Kind, und es gehörte sich spätestens seit der Zeit des Augustus, zärtlich von beiden zu reden.

Während des Umbruchs von der Republik zum kaiserlichen Prinzipat, während der sozialen und kulturellen Zusammenbrüche oder, wie die Weltklugen es sahen, der unvermeidlichen Veränderungen, gab es einen »Sturm und Drang«. Der setzte Leidenschaften frei, führte zur Entdeckung der Gefühle, ihrer Macht und Übermacht, und damit zur Entdeckung der Subjektivität, der unermesslichen Freiheit und Eigenart des Einzelnen. Aber in einer Gesellschaft, die alle Übertreibungen missbilligte, die hingegen Scham, Schüchternheit und Selbstkontrolle als Voraussetzung für ein menschenfreundliches Zusammenleben betrachtete, fand die Entfesselung der Temperamente und damit des unerschöpflichen Ich bald zurück zu beruhigteren und unaufgeregteren Lebensformen, was hieß: in die Ehe und deren Erweiterung um zwei bis drei Kinder.

Dabei half die Entpolitisierung der Bürger nach den Bürgerkriegen und im Frieden des Prinzipates. Wie schon früher unter den gebildeten Griechen gab es einen bewussten Rückzug in die Innerlichkeit und Privatheit. Das Haus wird darüber zu einem ganz eigenen Reich überlegter Seelenkultur. An ihr haben nicht nur die unmittelbaren Angehörigen Anteil, sie umfasst auch die Sklaven. Die *Humanitas*, die Menschlichkeit und Mitmenschlichkeit, wird zum Ideal. Der *pater familias* herrscht nicht mehr, er »dominiert« nicht mehr. Er würdigt in allen ihm Untergebenen Menschen, Gefährten, die zu achten sind, wie er Achtung als Herr und Mitmensch verlangen darf. Es wird zur Gewohnheit, Sklaven in großer Zahl die Freiheit zu schenken, sie zur Freiheit reif zu machen, wie Kinder oder Frauen, die ganz jung in die Ehe kamen und zum Selbstbewusstsein gebildet werden mussten, damit sich die eheliche Eintracht wunderbar für alle entfalten konnte.

Aus der Unordnung und Ratlosigkeit der untergehenden Republik führen *Caritas, Amicitia, Pietas* und *Humanitas* – aufrichtige Zuneigung, Freundschaft, Verantwortung und Treue sowie mitleidende Menschlichkeit – zu neuen Formen des Umgangs, die nach und nach den Untergang der alten Welt vorbereiteten. Alternd verjüngte sie sich noch einmal an den Impulsen, die von der Beschäftigung mit Stimmungen und feinen Gefühlen ausgehen. Weder Mütter noch Väter hatten sich je sonderlich um ihre Kinder gekümmert. Dafür gab es Ammen, Personal, später Hauslehrer; manche Söhne gingen auf öffentliche Schulen, die damals – wie heute wieder – wenig taugten. Eltern wurden auch jetzt nicht allzu intim mit ihren Kindern. Aber sie spielten zuweilen mit ihnen, sprachen mit ihnen und freuten sich am kindlichen Zutrauen. Mit niedlichen Worten wurden die Kleinstkinder bedacht:

süß, lieblich, wonnig, und so werden sie im augusteischen Relief der *Ara Pacis* gezeigt mit ihrer Mutter, der römisch-züchtigen Venus.

Geistreiche und elegante Mütter schenkten ihren Kindern in der Regel erst dann gründliche Aufmerksamkeit, wenn sie vernünftig waren und es sich lohnte, mit ihnen zu reden; Väter verhielten sich nicht anders. Beide trauerten jedoch sehr heftig, wenn ein Kind früh starb und sie die Freude entbehren mussten, irgendwann einmal in dem Sohn oder der Tochter einen vertrauter werdenden Menschen zu gewinnen. Andererseits wollten die Eheleute nicht viele Kinder. Kinder kosteten Geld, sollte aus ihnen etwas werden. Außerdem stand bei den Römern der späten Republik und der Kaiserzeit die Gattenliebe im Mittelpunkt, die unter Umständen auf Kinder verzichten kann, weil sie sich selbst genug ist. Die römischen Bürger zeigten wie die Griechen nur einen sehr begrenzten Eifer, den Staat mit dem Nachwuchs zu versorgen, den er für wünschenswert hielt. Sie dachten an Vater, Mutter und Kind, an sich selbst und ihre kleine societas oder Gemeinschaft.

Wer Beamter und damit vom Staat abhängig war, sorgte sich darum, dass er die Gesellschaft seiner Frau bei einer Versetzung in die Provinzen nicht entbehren musste. Die Kaiser gestanden ihm das gerne zu, aber der Beamte schenkte dem Staat für diese Großzügigkeit noch nicht einmal ein drittes oder gar viertes Kind. Er wollte mit seiner Frau zusammen sein, unbelästigt von Geburtenraten, die Kaiser und Minister bei dem unaufhaltsamen Rückgang der Bevölkerung beschäftigten. Kaiserliche Programme zur Familienförderung und steuerliche Erleichterungen als Kinderprämien blieben recht erfolglos. Aber schließlich konnte das Problem auch auf andere Weise gelöst werden, denn es gab alle möglichen Ausländer – nicht nur Germanen –, die man als Gastarbeiter und Soldaten vorübergehend beschäftigen oder auch dauernd ansiedeln konnte.

Immerhin empfahlen stoische Philosophen, die in der Frau den freien, sich selbst bestimmenden, dem Manne geistig und sittlich gleichberechtigten Menschen würdigten, dem sinnlich-erotischen Verlangen nicht allzu oft und nicht zu heftig nachzugeben. »Zu einer fremden Frau ist jede Liebe schimpflich, zur eigenen die übermäßige. Ein weiser Mann ... wird über den Anfällen der Leidenschaft stehen und sich nicht in den Beischlaf stürzen«, wie Seneca, ein weiser und liebender Ehemann, beteuerte. Der Mann, der seiner Frau zu stürmisch begegnet, bringt sie auf unwürdige Gedanken und macht sie gar zur Sklavin der Leidenschaften. Sie ist aber zur Freiheit berufen und zu tugendreicher Selbstständigkeit. Beides verfehlt, wer sich nicht aus der Abhängigkeit niederer Triebe zu lösen vermag. Die gewissenhaften Römer – die Hochzeitsnacht verbrachten sie schamhaft im stockdunklen Schlafzimmer, um sich den Anblick der ungewohnten gemeinsamen Nacktheit zu ersparen – bewahrten sich immer eine prüde Scheu, und deshalb kam ihnen die stoische Tugendhaftigkeit sehr gelegen.

Es war den Männern erlaubt, sich außerhalb der Ehe zu vergnügen, schon allein deshalb, weil ein anständiger Ehemann seine Frau gar nicht erst auf dumme Gedanken bringen sollte, indem er sie mit einer Konkubine verwechselte und damit schändlich behandelte. Aber auch diese Nachsicht minderte sich erheblich unter dem philosophischen Einfluss. Zur wahren Freundschaft, der Übereinstimmung der Herzen und Seelen, gehört die Treue, die das ermöglicht, was das Ziel aller Liebe ist: das wechselseitige Einswerden im Verschmelzen der beiden Willen zu einem gleichgestimmten Wollen ununterscheidbarer Seelenstärke. Die herrlichsten Beispiele solcher Harmonie waren Paulina und Seneca, Arria und Paetus, Paare, die zusammen sterben wollten, wenn sie schon nicht mehr zusammen leben konnten. Arria reichte ihrem Mann den Dolch mit den berühmt gewordenen Worten: Es schmerzt nicht, Paetus. Die Ärzte des Nero riefen die heroische Paulina umständlich wieder ins Leben zurück.

Beide Paare veranschaulichen das Ideal vollkommener Gattenliebe, die Frauen beeindruckender, weil sie gar nicht bedroht waren. Sie wollten für die Idee der Eintracht sterben, mit ihrem Tode das Ideal bekräftigend, nur eines Mannes Frau sein zu können. Denn die Freundschaft ist ausschließender Natur, sie ergibt sich aus der Seelenharmonie und der gemeinsamen Treue zu den großen Ideen, die zurück in den Ursprung der Wahrheit und des Guten führen. Paulina und Arria, diese beiden vorbildlichen Ehefrauen und Römerinnen, sind nur die Ausnahme. Da sie aber zum Ideal erhoben und verklärt wurden, veranschaulicht ihre Haltung mit radikaler Konsequenz sittliche Überzeugungen, die von vielen geteilt wurden, selbst wenn sie nicht den Liebestod starben oder später als Christinnen das Martyrium auf sich nahmen.

Die eheliche Harmonie hatte zuletzt auch ganz materielle Konsequenzen: Der Ehemann gewährte der Frau zur Hochzeit ein Geldgeschenk, das zur Mitgift hinzukam. Ja, die Gütertrennung, die sich so lange schon bewährt hatte, geriet in den Geruch egoistischer Gesinnung. Dem Ideal einer vollständigen Seelenharmonie konnte nur noch die Gütergemeinschaft entsprechen. Der Staat widersetzte sich solchen geistreichen Überspannungen, konnte sie aber nicht verhindern, da es ihm verwehrt war, in die häusliche Ordnung einzugreifen. Die idealisierte Gattenliebe machte die Männer nicht immer zum idealen Gatten, wohingegen die Frauen entschieden tugendhafter wurden, als sie es zur Zeit des Augustus gewesen waren. Keuschheit und Jungfräulichkeit waren wieder, wie in der römischen Frühgeschichte, Tugenden, die man nur aufgab, um sie in der ehelichen Reinheit auf andere Weise pflegen zu können. Das schloss elegantes Betragen überhaupt nicht aus.

Die Männer hielten sich weiter ihre Konkubinen oder amüsierten sich mit Sklavinnen. Das galt als ihr natürliches Recht und keineswegs als Betrug. Aber sie taten es seltener und oftmals mit jenem schlechten Gewissen, das die Römer schon immer quälte, wenn sie sich allzu sorglos weltlichen Üppigkeiten hingaben. Witwer zogen, wenn Erben vorhanden, einer zweiten Ehe das bequemere Konkubinat vor, auch zur Erleichterung ihrer Söhne und Töchter, die ungern ihr Erbe geschmälert sahen. Uneheliche Kinder gehörten der Mutter. Konkubinen waren deshalb bestrebt, vom Vater wenigstens großzügig ausgestattet oder beim Abschied anständig abgefunden zu werden. Die römischen Männer wiederum passten auf, dass sie nicht ausgenutzt wurden. Sie durften außerdem keine Torheiten begehen, denn die Kinder konnten in der späteren Kaiserzeit unter Umständen einen schlecht oder gar töricht wirtschaftenden Vater entmündigen lassen.

Abtreibung war verpönt, seit dem dritten Jahrhundert strafbar. Kindsaussetzungen waren weiterhin Brauch. Es gab Verhütungspraktiken recht fragwürdiger Art, oder man verließ sich, um sicher vor Schwangerschaften zu sein, auf erotische Techniken, die für die Fortpflanzung nicht in Frage kamen. Sie wurden von manchen Philosophen, Traumdeutern oder Ärzten beharrlich als widernatürlich, lasterhaft oder zumindest unschicklich verworfen, was nur bestätigt, dass man sich davon nicht sonderlich beeindrucken ließ. Homosexualität unter Männern, die die Griechen für unstatthaft hielten, war in Rom möglich und brachte Männer, vor allem Studenten, Schöngeister und Nachtschwärmer, nicht unbedingt um ihr womöglich gutes Ansehen, obschon sie von strengen Römern stets entschieden getadelt wurde. Unter Militärs war homosexueller Umgang verboten; wer auffiel, wurde nicht nur unehrenhaft entlassen, sondern konnte mit dem Tod bestraft werden.

Witwen wurden oft noch von ihrem sterbenden Gatten dazu angehalten, sich wieder zu verheiraten. Doch mit der zunehmenden Idealisierung des unwiederholbaren Glücks vollkommener Gattenliebe begnügten sie sich immer häufiger mit einem Rentnerdasein in der eigenen Wohnung oder blieben beim Sohn, der sich als guter Römer nie ganz von einer mütterlichen Oberaufsicht befreien wollte, nicht immer zum Behagen der Schwiegertochter. Die energischen Witwen konnten einen erheblichen Einfluss in der Gesellschaft ausüben. Sie fanden früh zum Christentum und förderten mit ihren Mitteln den Aufbau kirchlicher Organisation, Mildtätigkeit und Fürsorge, wie überhaupt den Kirchenbau und die Entwicklung christlicher Kunst. Es waren die Frauen, die allmählich die Männer zum Christentum bekehrten und damit den Wandel der antiken Welt erheblich beschleunigten. Frauen konnten sich auf dem Wege der Freundschaft mit Bischöfen und Theologen –

wie etwa dem Kirchenvater Hieronymus – eine mächtige Stellung mitten in der Gesellschaft verschaffen, die sie zum Vorteil ihrer geistlichen Ratgeber, aber auch ihrer Familien umsichtig wahrnahmen.

Die stoischen Ideale bereiteten dem Christentum den Weg, konnten sich aber auch mit heidnisch-asketischen Kulten verbinden. Auf jeden Fall unterstützten philosophische Schulen, christliche Tugendlehren und heidnische Selbsterlösungspraktiken die römische Abneigung, viele Kinder in diese Welt zu setzen. Seit dem zweiten Jahrhundert n. Chr. wird die Entvölkerung im Römischen Reich in manchen Gebieten zu einem dramatischen Problem, und zwar nicht nur wegen der Pestepidemien, die ganze Provinzen nahezu entvölkerten. Da mehrere Töchter stets unerwünscht waren, gab es einen spürbaren Mangel an römischen Bürgerinnen, den für einen *civis romanus* einzig erlaubten Heiratskandidatinnen. Viele Männer mussten deshalb Junggesellen bleiben und waren für intime Unterhaltung auf Dirnen oder Konkubinen angewiesen; manche blieben es aus philosophischen oder religiösen Gründen, weil sie bis zur Überbeschäftigung nur mit der Bildung ihres inneren Menschen beschäftigt waren.

Nicht zuletzt wegen der Ausgaben für das Militär und die dauernden Kriege, die nötig waren, um die Barbaren vom Reich fern zu halten, wuchsen im späten Kaiserstaat die Bürokratisierung und der Steuerdruck auf die Bevölkerung immer mehr; dies führte zu einer Überanstrengung, die endlich erschöpfte und erst recht nicht dazu aufmunterte, Kinder einer immer unsichereren Zukunft auszuliefern. Unter dem Eindruck einer vergreisenden Welt, in der selbst der Boden zu müde war, noch Frucht zu tragen, wurde der

Selbstmord aus Lebensüberdruss und Hoffnungslosigkeit zur stoischen Mode. Die Germanen, Slawen, Araber, Kelten, gegen deren Andrang sich das Reich verteidigte, waren freilich schon längst im Reich heimisch geworden. Denn sie wurden als Soldaten und Wehrbauern an den Grenzen benötigt, in der Auseinandersetzung mit ihren barbarischen Verwandten, deren Einfall seit dem Ende des vierten Jahrhunderts nicht mehr aufzuhalten war.

Die Römer, die auf dem Lande, im Zusammenleben mit den Wehrbauern, oder im Heer, das vornehmlich aus Barbaren bestand, längst schon halbe Barbaren geworden waren, barbarisierten sich allmählich auch in den Städten. Aber die vornehmen, auch christlich gewordenen Germanen oder Slawen romanisierten oder hellenisierten sich. Es ergaben sich Mischkulturen, und die Kultur der Eindringlinge, längst nicht mehr unberührt von fremden Anregungen, versuchte, sich in Parallelgesellschaften, wie man heute sagt, vor Einwirkungen aus der neuen, unheimlichen Umwelt zu schützen, die ihre Mentalität und ihre Gebräuche zu verändern drohten. Diese sozialen, politischen und geistigen Umbrüche in der alten Welt veränderten auch das private Dasein der Römer. Mischehen waren nicht erlaubt, doch fremden Soldaten, die das Bürgerrecht erworben hatten und Karriere machten, konnte man die Einheirat selbst in die besten Familien nicht verwehren. Oftmals war das die einzige Möglichkeit für Aristokraten, Macht und Ansehen zu behalten. Sogar kaiserliche Prinzessinnen fügten sich in Ehen mit germanischen Heerführern, die zuweilen als Neurömer sogar einen redlichen Enthusiasmus für diese überraschende, ihr Herz bezwingende Lebenskultur entwickelten.

Was melancholischen Römern, die noch einmal Vergil oder Horaz lasen, als Untergang erschien, begriffen christliche, zukunftsfrohe Römer als Verjüngung, als Aufbruch, eben als eine Metamorphose, nicht unähnlich den Wandlungen und Verwandlungen, von denen Ovid schrieb. Ausonius, ein vornehmer Beamter, der zeitweise Prinzenerzieher in der kaiserlichen Residenz Trier war, sah in seiner Bissula – »Du meine Lust, mein Schmeichelkätzchen« –, die von jenseits des Rheins stammte, eine liebenswürdige Synthese römischer Kultur, Sprache und Formen, die sie sich als Unterworfene aneignete, und germanischer, bezaubernder Schönheit. Bissula war seine Geliebte, wie man sie nach der Herren Art in den Provinzen zu haben pflegte. Die Liebe zu ihr, vielleicht auch nur literarisches Spiel, änderte nichts an der herzlichen Treue und Ergebenheit zu seiner Frau, an die er sich in einer neuen Gemütlichkeit wandte, die auch im lateinischen Original auffällt: »Wie wir gelebt, so laß uns weiter leben / und die wir in der ersten Nacht uns gaben, / die trauten Namen, laß sie fest uns halten! / Kein Tag erscheine, der uns ändern mag; / ich sei für dich der Jüngling, du mein Mädchen.«

Venus, die All-Liebende, das Lebensprinzip des sich immer erneuernden Kosmos, war den Römern, diesen Kriegern und Staatsmännern, nicht vergeblich eine gute Göttin gewesen. Sie leitete sie sanft hinüber in andere Welten, in denen sie auf neue Art, aber nicht minder fest daran glaubten, dass die Liebe der Gott des Friedens ist in einer allerdings ganz anderen Pax Romana, die aber ihre Herkunft – wie die Germanin Bissula – nicht zu verbergen vermag und sie auch überhaupt nicht zu verbergen braucht.

IV.

Die himmlische und die irdische Liebe – die Christianisierung und Ästhetisierung der antiken Erotik

Die frühen Christen hatten noch keine Vorstellung von der christlichen Ehe oder Familie. Die Liebe, die sie verkündeten, die Liebe Gottes zu jedem Sünder, betraf nicht Gemeinschaften, sondern jeden Einzelnen, dem die Erlösung und Befreiung verheißen wird, die hier mit den Gnadenmitteln Gottes beginnt und sich im Jenseits vollendet. Er sollte sich in die bewusste Nachfolge Christi begeben, dazu von Gott berufen und dabei von ihm unterstützt. Ehe und Familie konnten dies heilbringende Werk mit ihren Ansprüchen behindern oder dessen Scheitern verursachen. Deshalb forderte Christus von jedem, der sich auf seine rettende Botschaft einließ, alles hinter sich zu lassen, Eltern, Brüder, Schwestern und alle weiteren Verwandten, damit er nicht abgelenkt werde von seiner Bestimmung, sich das Himmelreich zu erwerben und zur unmittelbaren Anschauung des in Gott offenbaren Wahren, Schönen und Guten zu gelangen.

Mitten in einer heidnischen, den Christen oftmals feindlichen Umwelt ließen sich der Sinn und Zweck von Ehe und Familie, die Frage, ob sie dem Einzelnen in seinem christlichen Leben nutzten oder gefährlich würden, nur vorsichtig einschätzen. Insgesamt schien es besser, sich von der Familie zu lösen und möglichst unverheiratet zu bleiben. Die Jungfräulichkeit und Enthaltsamkeit betrachteten die Christen, darin – wie in so vielem – den Stoikern ähnlich, als eine der Bedingungen seelischer Vollkommenheit. Da es nicht jedem gegeben sei, gänzlich über seine natürlichen Schwächen zu triumphieren, mochte die Ehe wenigstens davon abhalten, herumzuhuren, wie der Apostel Paulus trocken bemerkte, und gesittete Frauen um ihre Ehre und Sittsamkeit zu bringen. So schroff hatte sich Christus allerdings nie ausgedrückt.

Er lehrte vielmehr, dass Gott den Menschen geschaffen habe als Mann und Frau: »Darum wird der Mann Vater und Mutter verlassen und an seiner Frau hängen, und die zwei werden ein Fleisch sein. So sind sie nun nicht mehr zwei, sondern ein Fleisch. Was nun Gott zusammengefügt hat, das soll der Mensch nicht scheiden.« Diese Worte boten eine Grundlage, die römische Ehe und Familie allmählich im christlichen Sinne zu ethisieren. Das dauerte Jahrhunderte. Wichtig erschien der Kirche, die strikte Monogamie und Unauflöslichkeit der Ehe durchzusetzen. Darin stimmte sie mit Zeittendenzen durchaus überein, die aber keineswegs allgemein anerkannt wurden. Die Kirche ging deshalb pragmatisch und lebensklug vor. Sie duldete jede eheähnliche Verbindung, wenn sie nur auf Dauer angelegt war und keine anderen Beziehungen verletzte.

Das klassische Ideal blieb unangefochten die Vertragsehe zweier Verwandtschaftsverbände, die sich über eine Verbindung mit Zustimmung der beiden davon Betroffenen verständigten. Ehen minderer Rechtsformen waren aber anerkannt, etwa die germanische Friedelehe, die bis ins 14./15. Jahrhundert weit verbreitet war. Zu ihr schlossen sich – wie im Konkubinat – vor Zeugen meist sozial Ungleiche zusammen oder zwei, die aus Zuneigung zueinander keine Rücksicht auf die verpflichtenden Übereinkünfte zu notwendig standesgemäßer Verbindung nahmen. Die Frau unterstand nicht der Munt, der Oberherrschaft und Befehlsgewalt des Mannes. Beide lebten gleichsam als gute Kameraden, modern gesprochen, und konnten sich trennen, wenn die Ressourcen dieser Zärtlichkeit erschöpft waren oder sich andere, vorteilhaftere Möglichkeiten anboten, für die oft nur eine standesgemäße Ehe mit ihren rechtlichen Formalismen die Voraussetzung bot.

Selbst ganz lockere Beziehungen zu Dirnen oder Kebsen duldete die Kirche, sofern sie nicht als Nebenfrauen behandelt wurden. Das altrömische Prinzip, dass Zustimmung und freie Willensentscheidung, jedoch nicht der Beischlaf die Ehe begründe, entsprach ihrer Vorstellung von der Freiheit eines Christenmenschen. Diese Freiheit ließ sich unbedingt zum Nachteil der herkömmlichen Familie im engeren Sinne gebrauchen. Das kam den Absichten der Kirche entgegen. Denn eines ihrer wichtigsten Ziele war es, vorerst die Macht der *patria potestas* zu mindern und die der Familienverbände zu brechen, um damit zugleich den römischen Ahnenkult um die Penaten und Laren, die Hausgötter, zu vernichten. Der erforderliche *Consensus*, die freie Entscheidung, konnte insofern als individualisierendes Prinzip wirken, da er Ausdruck der religiösen Verpflichtung war, Gott mehr als den Menschen – als Vater und Mutter – gehorchen zu müssen.

Viele Frauen verweigerten sich der Heirat, um in gottgefälliger Keuschheit zu leben. Viele Männer entzogen sich den Interessen häuslicher Familienpolitik und suchten ein seelisch vollkommeneres Leben, in geistlichen

Gemeinschaften oder ganz auf sich gestellt. Damit lösten sie sich aus den Familienbanden oder lockerten deren einschnürende Wirkung. Eine Ehe minderen Rechts, ohne Zustimmung der Eltern, allein aus Liebe, konnte der Kirche nicht verwerflich erscheinen, wenn sich zwei Christen auf diese Art der Autorität heidnischer Väter entzogen. Ja, ein sehr schlampiges Verhältnis, wie im Konkubinat, konnte doch segensreiche Folgen haben, wenn es der Freundin gelang, den Geliebten in die Welt ihres Glaubens hinüberzuziehen. Das ungeordnete Zusammenleben ließ sich später allemal in Ordnung bringen.

Ein weiteres Mittel, die hergebrachten Strukturen der römischen Familie aufzubrechen – nicht zu zerbrechen –, bot sich mit dem Instrument der Eheverbote. Die Römer hatten möglichst unter sich, in paritätischen Kreisen und in der nächsten Verwandtschaft, geheiratet. Dagegen wandte sich die Kirche, weil sie in diesen familiären Machtallianzen, vom Ahnenkult ganz abgesehen, ein Hindernis für die Missionierung sah, mit der für den alles erneuernden Glauben möglichst viele Seelen möglichst bald gewonnen werden sollten. Eine Ehe von Cousins und Cousinen bis hinab in den siebten Grad galt als Inzest, ebenso die Heirat zwischen verwitweten Schwägern und anderen angeheirateten Verwandten. Hinzu kamen die neuartigen geistigen Verwandtschaften, mit denen die Kirche das alte System der Blutsverwandtschaft erweiterte und erheblich veränderte. Der Pate, Geburtshelfer bei der Taufe, der »Geburt aus dem Geiste«, konnte nicht geheiratet werden. Zwar grenzte die Kirche die Zahl der Paten, aus anderen Erwägungen heraus, bald auf drei ein. Diese aber waren als Heiratskandidaten aus dem Spiel.

Geistige Verwandtschaften ergaben sich auch aus der Zugehörigkeit zu den christlichen Korporationen, den Bruderschaften. Eine solche Verwandtschaft bestand nicht zuletzt zu dem Priester, von dem man getauft worden war, weswegen es, vor der Durchsetzung des Zölibats im zwölften Jahrhundert, selbstverständlich verboten war, diesen zu ehelichen. Überhaupt bekam Verwandtschaft einen ganz anderen Sinn, seit die Menschen als Kinder Gottes untereinander zu Brüdern und Schwestern wurden, in Bischöfen und Äbten als Stellvertreter Christi Väter erkannten und gemeinsam die Kirche bildeten. Diese verstand sich als eine große Familie, die Mutter allen Lebens und zugleich eins mit Christus dem König und Herrscher und Bruder war, der über die Gemeinschaft der liebenden Kirche und mit aller Menschen Mutter, Maria, auch mütterliche Züge besaß. Das alles führte zu sehr subtilen, sich überschneidenden symbolischen und natürlichen Verwandtschaftsbeziehungen, die zu guter Letzt die gesamte Menschheit umfassen konnten.

Die seelisch-geistige Verwandtschaft ist aber unter Umständen die anspruchsvollere. Das verdeutlichen die neuen Namen. Die ursprünglichen Namen, die auf die Abkunft verweisen, treten zurück, und die Namen der Heiligen und Schutzpatrone treten an ihre Stelle. Sie können später wieder mit Geschlechtern verbunden werden – nach den Kaisern Heinrich, Konrad oder Friedrich hieß bald jeder Fritz und Hinz und Kunz. Jedenfalls erinnern die Namen, im Unterschied zum antiken Usus, an umfassendere, weit über den Familienverband hinausgehende Gemeinschaften mit ihren Forderungen: Sie beziehen sich auf das Reich, die Landesfürsten oder Lehnsherren, auf Stadt- oder Zunftheilige, auf die wechselseitigen Abhängigkeiten im lehnsrechtlichen System mit seinen ineinander greifenden Zuordnungen.

Diese Forderungen ergaben sich weniger aus verwandtschaftlichen Zugehörigkeiten, sondern galten den Einzelnen, die als Individuen leichter zu erfassen waren. Das lernten die weltlichen Obrigkeiten von der Kirche, in deren Nachahmung sie allmählich ihren Herrschaftsraum zum sich verzweigenden Verwaltungsstaat ausbauten, zum modernen Staat. Die Individualisierung ist die Voraussetzung zur leichteren Organisation. Weswegen seitdem immer neue Individualisierungsschübe den immer effizienteren Zugriff auf zunehmend wehrlose Vereinzelte vorbereiteten. Die Kirche, stets misstrauisch gegenüber einer Individualisierung, die den Zusammenhang mit ihrer Gemeinschaft und *communio* lockerte, hat dieses Prinzip dennoch überhaupt erst in die Gesellschaft eingepflanzt und wurde so in vieler Hinsicht zum Beschleuniger gesellschaftlicher Prozesse, die ihr zuletzt äußerst unbequem wurden und blieben.

Familien konnten für die Kirche nie klein genug sein. Zwei Kinder hielten die Kirchenväter für völlig ausreichend. Die demographische Krise Roms und der nachrömischen Reiche beunruhigte die Kirchenväter und Bischöfe nicht sonderlich. Tertullian konnte sogar, ungeachtet des spürbaren Rückgangs in der Bevölkerung, vor zu vielen Geburten warnen, weil die Erde schon allzu viele Sünder zu ertragen habe, die sie ausbeuteten und quälten. Viele Kinder zu haben – das deutete auf offenkundigen Leichtsinn hin, darauf, nicht Herr seiner Begierden werden zu können oder zu wollen. Zwar war der Beischlaf nicht schändlich, sondern, wegen des notwendigen Nachwuchses, unvermeidlich. Bedenklich blieb allerdings, wie schon für ernste und gewissenhafte Griechen und Römer, die Lust dabei. Sie konnte auch unabhängig von dem natürlichen Zwecke der Zeugung gesucht werden, und das sollte als un- und widernatürlich möglichst vermieden werden.

Priester und Seelsorger wiederholten unermüdlich die bekannten Ermahnungen der Stoiker, sich nicht zum Sklaven der Leidenschaften zu machen. Frauen sollten sich bei den ehelichen Pflichten so zurückhalten, dass ihr Geist nicht durch wollüstige Erregung befleckt und erniedrigt werden könne. Denn Gott erlaube nicht, dass die Seele in den Besitz eines anderen übergehe, und das wäre doch gerade die sündhafte Absicht bei der wechselseitigen sinnlichen Überwältigung: außer sich zu geraten und mit dem anderen zu verschmelzen. Davor konnten die Seelsorger nur warnen, wie die Philosophen, die sich auf ihre Weise um die Seelen sorgten. Amors oder Venus' Gunst – für die Christen waren das dämonische Verlockungen, für die Philosophen flatterhafte Versuchungen. Nicht die so genannte Liebe, als törichte Passion, sollten die Eheleute suchen, sondern die *affectio* und *dilectio*, die zärtliche Neigung und Aufmerksamkeit. Darüber wird das Zusammenleben zur hohen Schule der Freundschaft.

Die *virtus in conjugio*, die Tugend in der Ehe, besteht darin, mit dem Mann umzugehen, als ob man gar keinen hätte, und die Frau nicht als Geliebte zu behandeln. Beide Gatten gelangen dann zur *caritas conjugalis*, zur herzlichen Fürsorge und Achtung, die zusammen das dauernde Glück, eine *vita beata*, in der ehelichen Gemeinschaft gewährleisten. Das Glück darf erwartet werden, darin stimmen

Stoiker und Christen überein, aber möglichst frei von den trügerischen Sinnen, die den Menschen verwirren, auf Abwege verleiten und den unvernünftigen Tieren angleichen. Da die Christen spät heirateten – die Frauen jetzt mit 22, die Männer zwischen 28 und 30 –, ließ sich hoffen, dass sie aus jugendlichem Ungestüm herausgewachsen waren und sich mit dem gebotenen sittlichen Ernst zur Ehe entschlossen.

Alle möglichen Verbote sollten übertriebene Freude an ehelicher Intimität erst gar nicht aufkommen lassen. Freitags und in der Nacht zum Sonntag dürfen Gatten sich nicht vereinigen, an Fasttagen und in den langen Fastenzeiten im Advent oder vor Ostern ist der Beischlaf untersagt, ebenso zu Weihnachten, Ostern und Pfingsten. Der Regeln gibt es erheblich mehr, die doch allesamt nur eines im Sinn hatten: den Beischlaf nahezu unmöglich zu machen. Auch diese Tendenz ist nicht neu; doch diesmal ist eine Autorität da, die darauf achtet, ob ihre Anordnungen genau befolgt und nicht umgangen werden. Seelsorge und Beichte erlaubten eine gründliche Kontrolle. Da während der Jahrhunderte immer wieder gemahnt werden musste, sich in der Ehe nicht zu versündigen, bestätigen die dauernden Wiederholungen, dass dennoch dazu immer wieder Anlass gegeben war.

Anderenteils – und das wird meist übersehen – erlaubten diese sehr detaillierten Einmischungen der Kirche in die Intimität bis hin zu Verboten erotischer Praktiken den Frauen eine erhebliche Mitbestimmung. Sie konnten sich mit guten Gründen dem männlichen Begehren entziehen und mussten nicht gehorchen, wann immer sie zu einem Übermaß an Pflichterfüllung genötigt werden sollten.

Der Beichtvater konnte, wenn angebracht, den Mann und Sünder auffordern, sich zu bessern und sich nicht an seiner Frau zu vergehen. Es ist schwer zu sagen, inwieweit Frauen von dieser Waffe Gebrauch machten, denn auch sie genossen ja die Freuden der Lust gerne, wenn sie gut verheiratet waren. Aber sie konnten sich immerhin wehren. Der Heilige Hieronymus befand, dass die Frau erst dann zur wahren, freien Person würde, wenn sie den Mühen der Schwangerschaft enthoben wäre. Frauen, die sich nicht von vornherein für eine Ehe entschieden, die nicht vollzogen wurde, die Josephsehe – ein Modell für sehr gewissenhafte Liebende –, konnten doch nach mehreren Geburten darauf dringen, nicht mehr geschwängert zu werden.

Die Enthaltsamkeit war die sicherste, nicht unbedingt die immer gewünschte Methode. Die Abtreibung war verboten, wobei es weniger darauf ankam, von wann ab der Embryo menschliches, also beseeltes Leben enthielt: Es genügte, eine Entwicklung unterbunden zu haben, die einen Keim dazu bestimmt, zum Ebenbild Gottes, zum beseelten Menschen zu werden. Es gab die verschiedensten Verhütungstechniken, am bewährtesten, wie eh und je, der *coitus interruptus*; manch andere waren recht abenteuerlich, aber seit den alten Griechen bekannt und empfohlen. Die Verhütungskünste beunruhigten die Kirche dauernd, weniger wegen ihrer fragwürdigen medizinischen Folgen oder Erfolge, vielmehr weil mit ihnen Magie, Aberglaube, Zaubereien überlebten, dämonische Kräfte, die von der christlichen Vernunft längst schon vertrieben sein sollten. Auf jeden Fall verfügten die Frauen über einige Möglichkeiten, unfreiwillige Schwangerschaften zu vermeiden und damit Freiheiten für sich zu gewinnen.

Im hohen Adel und in den Kaisergeschlechtern, die, schon um Bruderzwiste zu vermeiden, nur wenige Söhne haben wollten, und auch nur wenige Töchter, um Erbschwierigkeiten mit angeheirateten Verwandten aus dem Weg zu gehen, wurde sehr bewusste Geburtenkontrolle betrieben. Die Konsequenz war ein schnelles Aussterben der Geschlechter, was der Kirche gelegen kam, weil sich nie wieder ein Kaiser- oder Führerkult wie im alten Rom entwickeln konnte. Doch nicht anders verhielt es sich quer durch die gesamte Gesellschaft bis hinab zu leibeigenen Bauern. Kinderreich war, wer mehr als zwei Kinder hatte, und meist war der Kinderreiche gewissenlos, weil er gar nicht bedachte, wovon und wie seine Kinder, wenn sie nicht früh starben, leben sollten. Familienplanung war bei der frühen Sterblichkeit der Erwachsenen, bei der hohen Kindersterblichkeit und dem Risiko der Frauen, im Kindbett zu sterben, von vielen unberechenbaren Zufällen abhängig.

Die bis zum achten Jahrhundert n. Chr. dramatisch geschrumpfte Bevölkerung im Weströmischen Reich mit seinen ostfränkischen oder ungarischen Randgebieten hatte ganz andere Sorgen, als etwa dem alttestamentarischen Auftrag »Seid fruchtbar und mehret euch« zu genügen, von dem die Kirche – der Neue Bund, der den Alten überholte – nur mit äußerster Zurückhaltung sprach. Die allmähliche Auflösung der alten Welt und die damit verbundenen institutionellen und wirtschaftlichen Umbrüche, die Metamorphosen der Gesellschaft mit all ihren Unwägbarkeiten, weckten während der nächsten Jahrhunderte überhaupt kein Bedürfnis nach mehr Menschen, auch nicht im ostfränkischen und dann deutschen Reich, das seit dem elften Jahrhundert kolonisierend über die Elbe hinaus ausgriff. Denn in dem schmalen Streifen zwischen Rhein und Elbe lebten für die damaligen Möglichkeiten schon zu viele Menschen, so dass es einige Erleichterungen brachte, wenn Überschüssige in den Osten aufbrachen, um dort ihr Auskommen zu finden.

Geburtenkontrolle war völlig normal, und mit ihr eine nicht zu unterschätzende Mitbestimmung der Frauen im ehelichen Zusammenleben. Ungewollte Kinder wurden, wie schon in der Antike, häufig ausgesetzt. Das Findelkind bleibt bis ins 18. Jahrhundert eine Selbstverständlichkeit in den Romanen, in allen Komödien, die zu einem guten Ende finden, indem sie das Kind mit seinen Eltern wieder vereinen. Wer die Aussetzung scheute, der schob die Neugeborenen, um sie schnell zu »Engerln« zu machen, in die frische Zugluft geöffneter Fenster oder nahm sie liebevoll ins trauliche Ehebett, wo der arme Wurm im Schlaf unter der Decke erstickte oder erstickt wurde. Die Kirche kämpfte lange vergeblich dagegen, dass Mann und Weib mit Kind und Kegel – und mit weiß Gott wem noch, bei gastfreundlichen Gewohnheiten – im gleichen Bette schliefen.

Im Übrigen begünstigten die häuslichen Verhältnisse nicht unbedingt einen regen Austausch ehelicher Liebesbedürfnisse. Intimität war kaum möglich, da auch die Eheleute so gut wie nie allein waren und selbst ihre karg möblierte Schlafkammer mit Angehörigen teilten. Es gab keine Privatheit oder Gemütlichkeit in unserem Sinne. Alle lebten in der Öffentlichkeit – jedes Haus war ein öffentlicher Raum und kein Bezirk für phantasievolle Privatheit. Das prägte den Lebensstil, die Gefühle und die Möglichkeiten, sie auszudrücken und zu zeigen. Die Anknüpfung von Bekanntschaft, das Werben und nähere Kennenlernen vollzog sich in Gegenwart anderer, war Riten und Stilisierungen unterworfen, die beachtet werden mussten, eingebunden in den Rhythmus gemeinsamer Arbeit, gemeinsamer Erholung und Festlichkeit. Wenn jeder ständig unter den wohlwollenden und kritischen Blicken der Übrigen lebt, sich beobachtet weiß und darauf zu achten hat, freundlich beurteilt zu werden, gewinnen die Äußerlichkeiten eine ungemeine Bedeutung und bestimmen die Innerlichkeit.

Die Äußerlichkeiten des Standes, der Ehrbarkeit und des ihr gemäßen schönen Anstandes sind dann gar keine Äußerlichkeiten. Mit ihnen veranschaulicht sich der ganze Mensch und gibt zu erkennen, dass er seine Rolle auf dem großen Welttheater – und sei sie noch so gering – verstanden hat und den von ihm erwarteten sittlichen Anforderungen, die sich aus seinem Stand ergeben, vollauf zu genügen weiß. Dann erweist er sich als tugendreich und angenehm, weil er den gewünschten Typus repräsentiert und ein wahrer Bauer, Bürger oder Edelmann ist. Spontaneität oder unbefangene Eigenwilligkeiten können selbst unter Dörflern als plump und ungezogen auffallen. Mochten die Ritter über deren mangelnde Zierlichkeit beim Balzen oder Tanzen spotten, so unterlagen die bäurischen Liebesspiele doch kaum geringerer Förmlichkeit und Verbindlichkeit – und damit Kunstfertigkeit – als die höfische Ornamentalisierung von Stimmungen.

Da es die Familie als sentimentalen Hort einer sich in der Privatheit absondernden Kleinstgruppe nicht gab, sondern nur das Haus, konnte und brauchte die Kirche keine besondere Familienmoral zu entwickeln. Es genügte, an das vierte Gebot zu erinnern: Du sollst Vater und Mutter ehren. Wobei fast die Hälfte der Kinder schon im zehnten Lebensjahr entweder den Vater oder die Mutter verloren hatte und nach dem Tod des anderen Elternteils ohnehin zu Vollwaisen wurde, abhängig von der umsichtigen Sorge Verwandter oder älterer Hausfreunde bei Streitigkeiten mit den Stiefeltern und Stiefgeschwistern um das Erbe. Viele kannten unter solchen Bedingungen keine oder nur unvollständige Kernfamilien.

Das Gebot, Vater und Mutter zu ehren, bezog sich aber ohnehin über die Kernfamilie hinaus auf den Hausvater und die Hausmutter und damit auf die öffentliche Funktion beider. Denn Familie meint, wie Leon Battista Alberti 1441 in seinem Buch über das Hauswesen knapp umriss: »Weib und Kinder und die übrigen Angehörigen des Hauses, Gesinde und Dienschaft.« Die Aufgabe des Hausherrn und der ihr zugeordneten, weitgehend selbstständigen Hausfrau ist es, die Arbeit unter den Haushaltsangehörigen gerecht zu verteilen, jeden in seiner Tätigkeit sorgfältig zu unterweisen und jedem das, was für ihn nötig und förderlich ist, zu gewähren – also jedem das Seine zu geben oder zu lassen, wie es durch die Jahrhunderte hieß. Deshalb sollten sie geehrt und geachtet werden. Es gab daher viel mehr gründliche Anleitungen zu guter Haushaltsführung, zum Beispiel wie man ein vortrefflicher Hausvater oder eine tugendsame Hausfrau werde, als etwa Traktate zur Kindererziehung und vor allem zu der uns Heutigen so wichtigen Nestwärmeproduktion für Kleinstkinder. Damit bekundet sich aber keine Herzlosigkeit oder Gleichgültigkeit.

Kinder gehörten von vornherein dem Haus und sollten von Anfang an lernen, sich in der Öffentlichkeit zu bewegen, öffentlich zu leben und vor allem so bald wie möglich mitzuarbeiten. Spätestens mit zwölf Jahren wurden sie fortgeschickt, um als Knecht oder Magd bei anderen zu dienen. Handwerksburschen begaben sich auf die Wanderschaft, und junge Ritter zogen an den Hof ihres Herrn, um sich sportlich und geschmacklich fortzubilden. Der Sohn kam zurück, wenn der Vater starb, um das Erbe anzutreten, oder sobald sich der Vater für zu abgearbeitet hielt und den Hof übergeben wollte. Nur ungern lebten die Eltern, Witwe oder Witwer mit ihrem Erben und der Schwiegertochter zusammen. Die traute Großfamilie – Urahne, Vater, Mutter und Kind – ist eine Mär aus dem bürgerlichen 19. Jahrhundert. Wurden allein stehende Frauen sehr alt, assoziierte man, wie schon in der Antike, wenig Freundliches mit ihnen, sie waren gefürchtet als böse Hexen, Zauberinnen, Giftmischerinnen oder Kupplerinnen, die Liebestränke brauten oder sich ein Zubrot als Engelmacherin verdienten.

Handwerksgesellen kehrten oft gar nicht zurück, etwa wenn sich ihnen die Gelegenheit bot, eine Meisterin zu heiraten. Selten übernahmen sie den väterlichen Betrieb, denn die Zünfte wachten darüber, wie viele Handwerker zugelassen wurden, um nicht durch zügellose Konkurrenz den Wohlstand aller zu gefährden. Solange sie noch keinen Meisterbetrieb unterhielten, durften sie nicht heiraten. Ihre Ehefrauen, oft verwitwete Meistergattinnen, waren in der Regel erheblich älter. Eheverbote gab es für alle unselbstständigen Arbeitskräfte, lange Zeit für nachgeborene Söhne im Adel, für Gelehrte, Mönche und Priester ohnehin. Die Hälfte der Bevölkerung, zuzeiten die Mehrheit, lebte als »Single«. »Gschlamperte Verhältnisse« waren auf dem Lande üblich, in der Stadt gab es immer wieder bürgerliche Tugendbewegungen, um solche Unregelmäßigkeiten zu unterbinden.

Anderenteils gab es in den Städten Bordelle, die für willkommene Abwechslung sorgten, und in den Badestuben konnten sich ehrbare Bürger und deren Frauen des Lebens freuen, gemeinsam mit Studenten, jungen Theologen oder Beamten und Gesellen, weit gehend nackt, und bei drastischen Späßen schwitzend und singend. Zumindest Bordelle wurden von der Kirche als hygienische Maßnahme toleriert, um die Ehefrauen vor Verführung durch allzu nervöse und verwegen gemachte Männer zu schützen. Bürger beachteten die Dirnen gelegentlich wie die Athener ihre Hetären: Von ihnen ließ sich manch ungewohnter Schnörkel gefälliger Lebenskunst lernen. So konnten diese Damen mit kleiner Tugend in der Öffentlichkeit durchaus ein gewisses Ansehen erwarten und Dank von Kurfürsten und Kirchenfürsten empfangen, weil sie beschwerliche Tagungen mit ihrem Liebreiz und holdseligem Spiel angenehm auflockerten.

Die Familie bot wenige Anhaltspunkte, um sie liebevoll zur christlichen Familie zu idealisieren. Die Heilige Familie um Joseph, Maria und Jesus, die seit dem 14. Jahrhundert häufiger mit Szenen aus dem Jugendleben Christi geschildert wird, gehört in den Zusammenhang des Marienkultes und der mit ihm verbundenen Liebe der Mutter zum Sohn. Oder diese Bilder veranschaulichen eindringlich die volle Menschlichkeit Christi als unbekannter Arbeiter, der wie alle im Schweiße seines Angesichts sein Brot verdienen muss. Das Privat-Familiäre ist anekdotisches Zubehör, soweit es bei einem Leben wie dem des Erlösers überhaupt ausschließlich private Züge geben kann, da auch die unscheinbarsten Details Vorzeichen seines rettenden Werks sind.

Die Religion blieb in der Kirche, und dort wurden die religiösen Pflichten erfüllt. Weitere religiöse Übungen gehörten zur Geselligkeit der Bruderschaften oder ergaben sich während der kirchlichen Feiern mit Prozessionen und Spielen. Sehr beliebt waren Pilgerfahrten, denn sie verhalfen Pilgersmann und Pilgersfrau dazu, sich näher kennen zu lernen und zu erproben, ob sie zueinander passen. Die Menschen lebten in Gemeinschaften. Es gab keine Familienfeste. Bei Taufen oder Beerdigungen kam es nicht zu großen Verwandtschaftstreffen. Die Hochzeit wurde von der Gemeinde ausgerichtet, sie war ein öffentliches Ereignis. Lebten die Eheleute nicht harmonisch miteinander, sondern fielen durch Streit und Unfrieden auf, dann war es Aufgabe der Gemeinde, erst mit deutlichen Scherzen und, falls diese nichts nutzten, mit energischem Zureden den häuslichen Frieden wiederherzustellen. Ist das Haus ein Teil der Öffentlichkeit, beunruhigt selbstverständlich ein unordentlicher Haushalt die friedliche Ordnung aller Haushalte.

Unter solchen Bedingungen kann es keine familiären Erinnerungen geben, keine gute Stube als *musée sentimentale* der Familientraditionen. Die fehlten vollständig; es gab nicht einmal Gräberpflege, weil eine Vorstellung von einem Zusammenhang der Geschlechter – außerhalb des Adels – gar nicht lebendig war. Deshalb plagte auch niemanden ein uns sehr vertrautes Gefühl: das Heimweh. Wer konnte, verließ die Heimat, seinen Grundherrn, begab sich in den Dienst eines anderen, suchte sein Glück in der

Stadt oder in der Ferne, in Schlesien, Ungarn oder in dem von den Deutschordensrittern eroberten Preußen. Seit dem elften Jahrhundert gerät dieses Europa in Bewegung, wer kann, ist unterwegs, dauernd im Aufbruch nach besseren Zukunftschancen, was für die Unfreien, die überwältigende Mehrheit, auch meinte: nach mehr Freiheit und Unabhängigkeit.

Wenn die Gemeinschaften, in denen man lebte, überall ähnlich verfasst waren, dann fiel das Auswandern nicht schwer. Wenn anderswo obendrein mehr Freiheit lockte, dann erübrigte sich eine besondere Anhänglichkeit an Orte »der Jugend« oder an kaum vertraute Angehörige. Seit dem zwölften Jahrhundert begannen die Jungen, die *juvenes*, damit, ihre Jugendlichkeit, ihren jugendlichen Leichtsinn und dessen pubertäre Launen zu poetisieren. Aber jung konnte man überall sein, und überall nur für einen kurzen Augenblick, um sich bald als Mann und Erwachsener nützlich zu machen. In ihrer Furcht vor Ahnenkult hatte die Kirche der Familie die gemeinschaftsbildende Kraft, soweit diese in ihr angelegt war, gründlich ausgetrieben.

Dafür hat die Kirche die Liebe, die ideale Beziehung in der Ehe, ungemein verfeinert und die eheliche Liebe zum ursprünglichen Sakrament erhoben, das sich, wie Adam und Eva im Paradies, die Gatten selber spenden. Sie schenken einander ganz in der Freundschaft zum Nächsten, wie Christus sich seiner Kirche schenkt, dessen Liebeswerk in ihrer Gemeinschaft sich widerspiegelt. Die eheliche Liebe kann schöpferisch neues Leben erwecken. Aber sie entwickelt sich nicht aus ihrem praktischen Zweck, Kinder zu zeugen. Sie wird vielmehr aus der Vermischung zweier

Personen gewonnen, die selbstständig und frei sind und bleiben und die dennoch verbunden sind zu einer neuen Einheit, einer übergreifenden Ordnung, auch wenn ihnen die Kinder versagt bleiben.

Diese Spiritualisierung der ehelichen Liebe ermöglichte nun überhaupt, gerade in Anlehnung an römische Traditionen – Ovid wurde moralisiert und christianisiert –, eine geistreiche Ethisierung, Erotisierung und Ästhetisierung der Leidenschaften in den verliebten Herzen. Wie alle sind auch die Verliebten auf dem Weg zur wahren, zur himmlischen Liebe, in der allerdings ihre Vorformen, die von der irdischen Liebe herrühren, zu ihrer urbildlichen, idealen Vollendung finden. Die irdische Liebe wird nicht verworfen. Die Christen wie die Römer und Griechen kannten keine »Sexualität«, sie hatten kein Wort dafür. Unter den sieben Todsünden taucht die Sexualität nicht auf, aber zu ihnen gehört die *luxuria*, die Schwelgerei, die Verschwendung oder Zügellosigkeit, die Ausschweifung in weltlicher Üppigkeit.

Darin liegt die große Sünde: in dem Unvermögen, sich von dieser Welt zu lösen, und damit Gefahr zu laufen, dem Fürsten der Welt, dem Bösen, zu verfallen, geblendet von der Sonne Satans. Doch was in der luxuria lasterhaft verzerrt erscheint, kann in geringen Dosen selbstverständlich zur Veredelung des Menschen beitragen: zu seiner Eleganz, Schönheit, Anmut, zu gefälligem Betragen und gutem Geschmack. Kurzum zu seiner Höflichkeit, zu einer *cortesia*, die in ihrer christlichen Fassung – als *cortesia christiana* – auf die Höflichkeit Gottes hinweist, der als Weltenkaiser in einer Sphäre der Schönheit und Seligkeit Hof hält und jeden zu sich ruft, der sich nach seiner Schönheit sehnt.

Das Ziel solcher religiösen und sozial-ethischen Überlegungen war nicht, die Triebe, die Leidenschaften, sämtliche sinnliche Regungen des Menschen zu unterdrücken.
Sie sollten vielmehr als freundliche Helfer einer bezie-
hungsreich verspielten Lebenskultur zu ihrer wahren Bestimmung gelangen. Die Erotik wirkt dann als belebendes
Element, beunruhigend, weil alles durchdringend, aber
gebändigt durch Höflichkeit und Formsinn. Das sind
die beiden himmlischen Liebesboten, die zur irdischen
Vollkommenheit leiten, dem Gleichklang der Herzen in
der *amitié*, die Freude gewährt als Vorahnung der Freude
am göttlichen Hof. Die wechselseitige Zuneigung kann in
der Minne große Freude dem geben, der sich ihr mit Maß,
selbstlosem Dienst, Geduld und Selbstbeherrschung hin-
gibt. Über Blicke, Reden, Berührungen, den ersten Kuss
und mehrere folgende Küsse nähert sich der Liebende
dem fünften Grad, dem letzten und begehrtesten, dem
Gnadengeschenk, beieinander zu liegen.

Diese ersehnte Seligkeit kann von der umworbenen
Dame verwehrt werden. Der Verliebte darf sich aber nicht
als Enttäuschter oder Betrogener grämen, hat er doch so
viele andere Genüsse empfangen und mit der Geliebten geteilt, die ihm sonst unbekannt geblieben wären. Die Minne
soll sich wie bei Chrétien de Troyes' »Erec und Enide« –
dem schönsten Roman über den Triumph der Gattenliebe –
möglichst in der Ehe erfüllen. Aber da die Ehen oft auf
Erden und gerade nicht im Himmel geschlossen werden,
entfalten sie ihre Kraft in den Herzensbündnissen, die
Frau Minne oder Frau Venus mit Amors Hilfe bewirkt.
Gottfried von Straßburgs »Tristan und Isolde« ist dafür
das herzbewegende Beispiel. Denn keiner kann – und das

ist ja das Überraschende – sich dem Mitgefühl mit diesen großherzigen, hochgemuten und liebesfrohen Herzen entziehen, obschon es sich um zwei Ehebrecher handelt. Die Leidenschaften haben als Schicksalsmacht ausdrücklich ihr Recht, sie sind nicht unedel, denn es sind Äußerungen vornehmer Seelen. Sie folgen einer anderen Vernunft: der des Herzens mit ihren dunklen und süß-geheimen Folgen und Folgerungen.

Dem Roman über die geglückte Liebesehe tritt der Roman über das Unglück der freien Liebe selbstbewusst zur Seite, das dennoch höchstes Glück für die bedeutet, die es erlebten und erlitten. Die himmlische und die irdische Liebe bleiben seitdem das große Thema der europäischen Literatur. In einem der schönsten Dialoge über dieses für Europäer einst unerschöpfliche Sujet – die »Asolaner Gespräche« – lässt Pietro Bembo, selber ein großer Liebender, einen edlen, heiligen Mann fragen: »Dass wir den mächtigen Lockungen der Sinnlichkeit, die unsere Seele jederzeit und überall in Versuchung führen, gerne und freiwillig nachgeben, und durch unsere Begierden zu dummen Tieren herabsinken, während die Reize der Vernunft, durch die wir uns fast zur Göttlichkeit erheben könnten, kalt lassen und abstoßen – das sollte dem Willen der Natur entsprechen?«

Gewiss nicht, denn die Natur und alle sinnlichen Mächte sind trügerisch, und sie müssen enttäuscht werden. Dann öffnet sich »eine göttliche Welt voller Weisheit und Licht, und ihr Glanz erstrahlt umso heller, je näher sie an ihre Letzte Ursache heranreicht. Diese Welt enthält alles, was unsere bietet, allerdings umso viel herrlicher, als Himmlisches das Irdische überstrahlt ... sie ruht selig in sich selbst, denn in ihr ist das höchste und sich selbst genügende Glück verwirklicht.« Dorthin findet, wer der vergänglichen irdischen Liebe entsagt und das Kleid der unvergänglichen Liebe anlegt, der wahren, die zum ewigen Glück führt. Das überzeugte die Kavaliere und ihre Damen.

Die Entsagenden vereinen sich nicht im Bekenntnis zur Askese oder der Verfluchung dieser Welt. Im Gegenteil, sie plaudern im wohlproportionierten Garten eines würdig-schönen Schlosses, wahren eine entzückende Höflichkeit im Umgang und in der Konversation, sind elegant gekleidet, naschen köstliche Früchte und Süßigkeiten und begeistern sich für die Liebe. Entsagung meint für sie, sich vor Übertreibungen zu hüten, den guten Geschmack nicht zu verletzen. Was heißt, die immer zarten Grundlagen höherer Kultur nicht zu erschüttern, die den Menschen erst ganz zu sich und seiner Seelenschönheit führt, wenn es ihm gelingt, als Kulturmensch Vernunft und Schönheit, Wollen und Verzichten miteinander zu versöhnen. Daran glaubten die Liebenden bis hinauf in die Goethezeit.

V.

Haushalt, Familie und die Entdeckung der Privatheit

Wisset, ein erhabner Sinn / legt das Große in das Leben, / und er sucht es nicht darin.« Mit diesen Worten fasste Schiller knapp die Haltung aller Idealisten seit Platon zusammen. Die Liebe war ein hoher Anspruch und ein großartiges Geschenk. Vollendete sie sich in der Ehe, konnte das zur irdischen Glückseligkeit verhelfen. Doch der Sinn eines Ideals ergibt sich nicht unbedingt aus seiner verwirklichten Erscheinung. Es genügt, ein Ziel zu wissen, einer Hoffnung zu folgen und ihr zu vertrauen. Es gab große Liebende, die in der Literatur gefeiert wurden, auf der Bühne oder in Gemälden und Fresken, mythische Gestalten, aber auch historische, wie Otto der Große und Kaiserin Adelheid, Kaiser Heinrich und Kunigunde, Friedrich Barbarossa, der ohne seine Beatrix nicht sein konnte, oder Isabella von Kastilien und Ferdinand von Aragon. Deren Tochter Johanna verlor den Verstand aus Liebe zu ihrem Mann, Philipp dem Schönen, und ihr Bruder Johann starb an Auszehrung, wie man sagte, bald erschöpft von der maßlosen Leidenschaft zu seiner Frau, der Erzherzogin Margarethe.

Vor allem muss hier Philipp II. genannt werden, dessen liebenswürdige Gestalt seine Feinde über Jahrhunderte erfolgreich verdunkelten. Er war ein galant verspielter Gatte, in seine dritte Frau – Elisabeth von Valois – stürmisch verliebt wie ein Jüngling, ein aufmerksamer Bruder, rührender Vater, der entzückende Briefe an seine Töchter schrieb, ein gemütlicher Onkel, überhaupt wohl das erste »Familientier« unter den spanischen Königen. Liebe und Ehe mussten also keine Gegensätze sein, obschon viele Dichter und Schöngeister dazu rieten, beides möglichst nicht zu vermengen. Denn die Liebe hat es mit zwei Menschen, Herzen oder Seelen zu tun, während die Ehe sich im Haus und Haushalten verwirklichte. Hier ging es um Ordnung, und die war von der praktischen Vernunft abhängig. Anderenteils lehrte die Kirche, dass jede Ordnung – als eine Spiegelung der göttlichen – von Liebe erfüllt sei und sich harmonisch nur durch den Geist der Liebe entfalte, der sie in schönem Gleichgewicht zusammenhält.

Liebe und Ehe konnten daher für Theologen und Moralisten gar keine Gegensätze sein, wenn *temperantia*, die Mäßigung, mit beiden verbunden, dafür sorgte, alle Übertreibungen zu vermeiden, um zu einer angenehmen Übereinstimmung von Pflicht und Neigung, Gefühl und Vernunft, freier Phantasie und sachlichen Zwängen zu gelangen. Die Versicherung, dass die Liebe während der Ehe komme, meinte ja nichts anderes als diese dauernd geforderte Versöhnung der Gegensätze, der *complexio oppositorum*, die sich in der Vereinigung von Mann und Frau zu einem Fleisch und einem Wollen veranschaulichen sollte. Sie ist ein Prozess, eine Folge von Metamorphosen oder Häutungen, die endlich die wunderbare oder wünschenswerte Symbiose verschiedener Temperamente und Willen ermöglichen. Gatten sollen sich nicht in Illusionsräumen, sondern in der Wirklichkeit zu deren Bedingungen bewegen, von denen sie als bedingte Wesen wiederum genötigt werden, hineingestellt in eine soziale Welt mit ihren Regeln und Vorstellungen.

Die Liebe Albrechts von Bayern zur Agnes Bernauerin – eine bis heute unvergessene, rührende und unordentliche Leidenschaft – konnte sich nie in einer Ehe beruhigen. Eine Hochzeit der beiden hätte sämtliche Übereinkünfte verletzt, auf denen die Gesellschaft beruhte. Nach eigenem Willen zu leben widersprach der unvermeidlichen Notwendigkeit, die Spielregeln zu respektieren, damit Ordnung und Gesetz nicht um ihre verbindliche Überzeugungskraft gebracht wurden. Es waren ordnungsliebende Bürger, die den grässlichen Tod der Bernauerin, ihre Ermordung in der Donau, in biederster Staatsgesinnung überhaupt nicht schwer nahmen. Im Gegenteil, sie waren erleichtert. Verwirrte Herzen sollten nicht das allgemeine Wohl durcheinander bringen. Der Herzog schrie auf vor Wut, wurde bald vernünftig und heiratete Anna von Braunschweig. Es wurde eine gute, eine sehr gute Ehe sogar.

Wenn sich, vom Haus und dem Haushalt aufsteigend, alle politischen und sozialen Beziehungen bis hin zum Allerhöchsten Kaiserhaus zu einem weit verzweigten, ineinander verschränkten Staatshaushalt ergänzen, müssen sämtliche private Erwartungen, auch die Liebe, »sozialverträglich« gemacht werden. Das heißt, die Liebe muss standesgemäß sein, das verlangte der Bauer ebenso wie der Fürst. Reiche Bürger packte freilich der Ehrgeiz. Sie strebten danach, etwas aus sich zu machen, in die Aristokratie einheiraten zu können und um Gottes willen nicht mehr als Bürger aufzufallen. Die Visconti, Sforza, Medici, die Thurn und Taxis oder Fugger verloren schnell den für Aristokraten liebeshemmenden Geruch bürgerlicher Kontorluft. Die Liebe und Ehe musste sich dabei zum künftigen Vorteil aller den Interessen des gesamten Hauses anpassen.

In allen Ständen beruhten die Ehen meist auf Arrangements und sachlichen Überlegungen. Die Rolle der Eltern, vor allem des Vaters, wird dabei oft überschätzt. Die Mehrheit aller Hochzeiter waren Halbwaisen. Sie hatten Zeit genug gehabt, sich kennen zu lernen während der Geselligkeiten, die nicht zuletzt deshalb veranstaltet wurden, um ihnen die Chance einzuräumen, unter möglichen Ehekandidaten zu wählen und sich näher anzufreunden. Dabei sprachen viele mit, denn es gab ein gemeinschaftliches Interesse in den überschaubaren Orten, diejenigen zusammenzubringen, die nach Herkommen, Vermögen und Humor am besten zueinander passten, sich wahrscheinlich gut aneinander gewöhnten und zur Liebe in der Ehe fanden. Selbst launige Abenteuer wie »das Fensterln« auf dem Lande, der nächtliche Besuch bei einer Freundin, waren unter den jungen Männern abgesprochen und mit Ritualen verknüpft, die sehr genau den Austausch von Intimitäten und dessen Steigerungen regelten.

Ein erheblicher Teil der Bräute war bei der Hochzeit schwanger oder auf dem Dorfe längst schon Mutter eines oder mehrerer Kinder, was sie überhaupt nicht entehrte. Eine zählebige Legende ist es allerdings, dass der Grundherr bei seinen Bauernmädchen das Recht auf die erste Nacht besaß und es in Anspruch nahm. Er konnte, wie so viele, Einfluss auf die Verheiratung nehmen und verlangte ursprünglich eine Heiratsabgabe, wenn eine ihm zugehörige Untertanin in den Herrschaftsbereich eines anderen hinüberheiratete. Aber auch das erübrigte sich im Laufe der Jahrhunderte. Insgesamt bestätigten die Eltern oder der Vormund Eheabsprachen, die von den jungen Leuten in Übereinstimmung mit Freunden und Nachbarn getroffen wurden oder mit deren Hilfe von den Müttern vorbereitet worden waren. Viele heirateten in der Fremde, ohne noch mit Eltern und Verwandten in Verbindung zu stehen.

Die väterliche Gewalt muss man sich daher nicht so absolut vorstellen, wie sie später schauerlich-schrecklich romantisiert wurde. Der Hausherr, dem auch die Ehefrau zu gehorchen hatte, war doch seinerseits dazu verpflichtet, ein gerechter und um den häuslichen Frieden besorgter Herrscher zu sein und die ihm Untergebenen nicht als Tyrann zu knechten. Verursachte er häuslichen Ärger und verstand er seine Rolle nicht, konnte die Frau, wenn vorherige Ermahnungen aus der Gemeinde nichts fruchteten, Klage gegen ihn führen. Priester und Beichtväter verfügten ihrerseits über einige Mittel, »Haustyrannen«, aber auch deren Kopien, die zänkische Alte und die böse Stief- oder Schwiegermutter, zur Vernunft zu bringen.

Der Hausvater, in dessen Autorität sich im Kleinen die väterliche Gewalt Gottes oder des fürstlichen Landesvaters veranschaulichte, musste Vernunft, Ehrbarkeit, Redlichkeit und liebende Fürsorge bei allem, was er tat, bedenken. Gerade weil er – wie der Fürst im Großen – allen Schutz und Schirm bot, durfte er Treue verlangen, gerade von seiner Frau. In ihr sollte der Mann möglichst die Gefährtin achten, die – mit ihm zusammen und gleichberechtigt – das Haus in Ordnung hielt und dessen Ehre und Ansehen mit ihm hütete. Denn die Frau war nicht nur auf das Haus beschränkt. Sie verwaltete als Meisterin die Geschäfte, sie war über soziale Dienste, Nachbarschaftshilfe und die Kirchengemeinde ins öffentliche Leben eingebunden.

Nach der Reformation empfing das Haus eine bislang ungewohnte religiöse Weihe. Die Idee des allgemeinen Priestertums führte unweigerlich dazu, im Haus und Haushalt die unmittelbare Kirche zu sehen, in der Vater und Mutter Priester und Apostel ihrer Kinder und ihres Gesindes sind. Alle gemeinsam bilden eine christliche Gemeinde, die zugleich die Grundlage des christlichen Staates ist. In der väterlichen – rechtlichen wie geistlichen – Oberherrschaft drückt sich ein Urbild aus: das der landesherrlichen, von Gott eingesetzten Souveränität. Das evangelische Pfarrhaus war das Ideal einer christlichen Hauswirtschaft, dem sich alle Übrigen in gottseligem Eifer angleichen sollten. Das Haus wurde, was es bislang nie war, zum Mittelpunkt des religiösen Lebens. Dieses verlagerte sich von außen nach innen, von der Kirche in die Privatheit, ins Gemüt, in die Innerlichkeit. Die Familie als Institution, als Kirche im Vorraum der Kirche, als Staat im Staate, sollte die Spannungen zwischen innen und außen überbrücken. Ihr wurden damit ungemeine Lasten auferlegt.

Luther hielt die Ehe für ein weltlich Ding und deshalb auch für aufkündbar. Die Begierden, die mit ihr verbunden sein können, erschienen ihm als naturgegeben, unvermeidlich, nicht sündhaft, aber darum doch nicht als löblich oder besonderer Betrachtungen wert. Man soll und muss sich in die menschliche Unzulänglichkeit schicken, weil sie nun einmal mit der Fortpflanzung untrennbar vermischt ist. Liebe, Zuneigung, Wohlwollen füreinander gewinnen die Eheleute nicht aus sich und ihrem Beisammensein; die *caritas maritalis*, die eheliche Liebe, wird über die Familie, über das Haus gewonnen. Die christliche Institution überhöht sehr irdisches, für sich allein genommen gar bedenkliches Verlangen. Die zwei Eheleute finden zur Liebe über die Aufgaben, die ihnen im Haus als Tempel Gottes auferlegt sind. Das Bewusstsein freudig erfüllter Pflicht hält sie beieinander.

Wer nach der Scheidung verlangt, bestätigt, dass er ganz offenbar als schwacher Sünder noch nicht den wünschenswerten Grad der Vollkommenheit erreicht hat, so dass weniger die Trennung zu empfehlen ist als weiteres, redliches Bemühen, sich zu bessern und an sich zu arbeiten. Insofern kam es äußerst selten zu Scheidungen, und die säkularisierte Ehe wurde über das spiritualisierte Haus wieder unauflöslich. Für die katholischen Christen war es hingegen die Liebe, die Übereinstimmung der Ehegatten, die dem Haus Segen brachte und eine durch und durch weltliche Einrichtung in einem Frieden erhielt, der auf die Liebe Gottes hinwies, weil er erfüllt war von der ehelichen Eintracht und Güte. Auf dem Konzil von Trient 1563 betonte die Kirche, im deutlichen Protest gegen Luther und die Protestanten, den sakramentalen Charakter der Ehe und machte die kirchliche Trauung zur Voraussetzung für eine rechtsgültige Ehe. Außerdem wurde von nun an jeder pragmatische Umgang mit eheähnlichen Verhältnissen unterbunden, weil diese für sündhaft galten. Gegen die Versuche einer Säkularisierung der Liebe musste die Kirche deren geistigen Charakter hervorheben.

Die Geschlechtlichkeit, die Bedingung, um überhaupt zur Familie zu gelangen, wurde endgültig zu einer ihrer Nebenfolgen marginalisiert, die den ehrwürdigen, ja heiligen Charakter der wahren Liebe unter Gatten nicht beeinträchtigen konnte. Das erlaubte der Kirche einen pragmatischen Umgang mit der zur Sünde geneigten Natur des Menschen, da die große Liebe nicht durch allzu große Lust in ihrer Substanz gemindert werden konnte. Schließlich war das sechste Gebot, das Gebot der Keuschheit, eben nur das sechste und nicht das erste. Außerdem wussten lebenskluge Priester, dass jedem, der eine oder einzelne Tugenden besonders eifrig übte, die übrigen nicht gänzlich unbekannt waren, weil alle Tugenden miteinander zusammenhängen.

Mit solch praktischer Weltklugheit bewahrte die Kirche ihre Gläubigen vor der traurigen Zergliederung der Seele, der unermüdlichen Selbsterforschung, der Seelen- und Trauerarbeit, die nicht nur unter Pietisten und Mystikern zur Pflicht wurde. Weil sie die eheliche Liebe renaturalisierten, als animalischen Trieb auffassten, musste es ihnen ganz besonders peinlich und quälend sein, von diesen Trieben belästigt zu werden und etwa unter ihre häusliche Menschenwürde zu fallen, sollten sie ihnen in der Ehe nachgeben. Die Natur der ehelichen Liebe überhaupt wurde ihnen darüber zum Problem, und nicht nur, wie bislang, die Lust bei der nun einmal unvermeidlichen Erneuerung des Menschengeschlechtes.

Bei der Gattenwahl darf keine Gefühlsregung eine Rolle spielen; vielmehr soll die Ehe ihre Würde allein aus den Haushaltspflichten empfangen. Denn alle Sinnlichkeit ist Sünde, wie die Pietisten verkündeten, und insofern kann die irdische Liebe nur ein Bedürfnis für mindere Geister sein, die es aufgeben, nach weiterer Vervollkommnung zu streben und mit dem Geist über das

Fleisch zu siegen. Die Renaturalisierung der Liebe verschaffte keine Erleichterungen, sondern radikalisierte nur die schon vorhandenen Skrupel und Sorgen. Wenn alles Irdische sündhaft ist und den Menschen hinabzieht, muss der Mensch dahin gelangen, nichts Irdisches mehr lieb zu haben, allein bemüht, seine Seele mit geistigen Kindern zu schwängern. Immerhin stand man nun vor der nächsten Frage: Wie kann Gott mit seiner Schöpfung als wohlgetanem Werk zufrieden gewesen sein, wenn diese doch offensichtlich den Menschen beunruhigt und verwirrt, so dass er sich von ihr möglichst fern halten soll? Darauf wussten die Naturalisten keine Antwort.

Für strenge Calvinisten und Pietisten hat Gott ohnehin alles vorbestimmt, so dass man den Gatten nehmen soll, den der Vater ausgewählt hat, welcher bei seiner Auswahl von Gott erleuchtet ist. Der alte Grundsatz, dass die Zustimmung freiwillig sein muss und die Ehe auf dem *consensus* beruht und nicht auf dem stummen Gehorsam, wurde mit solchen Überlegungen erschüttert. Es versteht sich von selbst, dass in einer solchen Ehe die Gatten miteinander so zu leben hatten, als wären sie nicht verheiratet. Liebe heißt: wechselseitige Unterstützung bei den jeweils auferlegten Pflichten im Hause. Mutterliebe wurde förmlich zum Gottesdienst erhoben. Denn sie führt die unschuldigen Kinder hinein in die Geheimnisse des Glaubens und unterrichtet sie über ihre sittlichen Pflichten. Unter solchen Bedingungen war es verständlicherweise fast ein Frevel, von ehelichen Pflichten – abgesehen von der notwendigen Produktion des Nachwuchses – zu reden.

Eine erotische Unbefangenheit, immer schwer zu erreichen bei der Konkurrenz von irdischer und himmlischer

Liebe, konnte sich paradoxerweise in einer ganz weltlich-irdisch verstandenen Ehe überhaupt nicht entwickeln. Das musste auf die Dauer diejenigen Protestanten erheblich irritieren, die Religiosität nicht im Gegensatz zu höherer Lebensart – und die schließt unbedingt Galanterie und schöne Sitten ein – entwickeln wollten. Der Protestantismus mochte die Frauen theologisch gebildeter gemacht haben, er mochte auch insgesamt wissenschaftliche Bildung popularisiert haben, aber lutherischen Schöngeistern – wie Christian Thomasius – missfiel die unübersehbare Weltverlorenheit ihrer Brüder in Christo, sie vermissten an ihnen Urbanität und guten Geschmack.

Christian Thomasius versuchte von Leipzig und Halle aus, unter den Protestanten Freude an dieser Welt zu wecken, sie mit der Kunst bekannt zu machen, vernünftig und tugendhaft zu lieben, als dem einzigen Mittel zu einem glückseligen, galanten und vergnügten Leben. Diese Kunst schloss die Freude an dieser Welt und damit auch die Freude an den Freuden in der Ehe mit ein. Das bedeutete, dass die eheliche Liebe wiederentdeckt werden musste, ganz unabhängig vom Haus und der Haushaltsvernunft. Thomasius sah 1692 in der Ehe wieder die »edelste Verknüpfung der menschlichen Gemüter«, die gerade nichts Natürliches oder Animalisches ist, sondern den Menschen von den unvernünftigen Tieren unterscheidet.

Die bestialische Liebe, die Hurerei, die Brunst, die nur auf das Geschlecht ziele, verwirft er wie eh und je jeder Philosoph. Unvollkommen erscheint ihm auch eine Vereinigung der Leiber, die nicht vom Wunsch der seelischen Vereinigung angeregt wird, sondern bei der die ästhetischen Gemütsneigungen überwiegen. Wen es aber danach drängt,

Herz und Seele auszutauschen und zu vereinen, der sollte auf die leibliche Vereinigung nicht verzichten müssen, weil ohne sie die Vereinigung der Seelen allemal unvollkommen bleiben müsse bei der Verschiedenheit der Geschlechter. Ja er stellt die eheliche Liebe über die Freundschaft unter Männern, wegen des stärkeren Triebes und Vertrauens, »den Gott denen unterschiedlichen Geschlechtern ins Hertze gegeben«. Liebe ist dann die Neigung des Herzens, Freude und Lust aus dem Glück des anderen zu gewinnen. Instinkt und Freude vermischen sich und finden zur beseligenden Sympathie.

Die Liebe wird wieder als sittliche Macht in ihre Rechte eingesetzt und die natürlich-weltliche Ehe rekultiviert, was immer auch der brave Gottesmann Luther lehren mochte. Ohne Liebe keine Ehe und erst recht keine Ehe ohne Liebe. Eheliche Gesellschaft bedeutet nicht die »gaile Neigung zur Leibesvermischung, sondern die menschliche vernünfftige Neigung zwey Hertzen auff das festeste und stetwehrend miteinander zu verknüpfen und durch eine keusche Vereinigung Kinder miteinander zu erzeugen und gleichsam in selbigen die Wechsel-Liebe zu concentrieren oder vielmehr auszubreiten«. Darüber fanden die protestantischen Hausleute wieder den Anschluss an die allgemeine Lebenskultur, die ihre heroischen Sitten mit zärtlichen Stimmungen milder und umgänglicher machte.

Es war jetzt vor allem die Pariser Gesellschaft, die über den guten Ton in Europa wachte. Für diese war die amitié, die Seelenfreundschaft, das Ideal, nicht nur in der Ehe, sondern überhaupt für die zärtliche Beziehung gleich gestimmter Gemüter. Denn sind die Seelen verwandt, müssen sie sich unweigerlich anziehen, um zu dem beseligenden

Einssein zu gelangen, nach dem die Liebe verlangt, die Getrenntes aus seiner jeweiligen Isolation zu einer harmonischen Gesellschaft verbinden möchte – nicht unbedingt zu einem Fleisch, wie in der Ehe, sondern zu einer geistigen Gemeinschaft, in der sich zwei ihrer Besonderheit bewusst bleiben, aber in der sie umgreifenden Freundschaft in einer Gemeinsamkeit zusammengefasst sind.

Die Frauen wollten, um wahre und unentbehrliche Gefährtinnen ihrer Freunde werden zu können, vollen Anteil an der geistigen Kultur haben. Das hieß, dass sie über die Literatur und Musik hinaus mit den Wissenschaften vertraut gemacht werden wollten, dass sie sich in den Künsten nicht allein als begabte Dilettantinnen bewähren, sondern sie auch theoretisch durchdringen wollten. Die Frauen wollten zu »gelehrten Frauen« werden und beanspruchten ihren Anteil an der allgemeinen Bildung. Die Eltern überließen die Bildung ihrer Töchter den Klosterschulen, die Anfang des 17. Jahrhunderts ziemlich überrascht wurden von dem Begehren nach allseitiger Kultivierung. Immerhin legten sie den Grund dazu. Mehr war ja auch nie die Absicht jeder Schule. Der eigentliche Ort der Studien, der lebenslangen Bildung war der Salon, eine ganz neue Bildungsstätte. In ihm dominierten die Frauen, die geistreichen und wissensdurstigen. Sie nötigten die Männer, die Gelehrten oder philosophisch Interessierten, ihre Theorien anschaulich, verständlich und zuweilen auch ergötzlich zu entwickeln.

Die Männer sollten sich möglichst von aller Pedanterie befreien. Wem das nicht gelang, der machte sich ganz einfach lächerlich. Französisch wurde über den geselligen Umgang im Salon zur eleganten Sprache, in der gefällig und klar über alles geurteilt werden konnte. Die

Damen im Salon diskutierten nicht nur, sie experimentierten, theoretisierten selbst und traten so in einen lebhaften Austausch ein, bei dem die Philosophen Anregungen genug empfingen, um ihre Gedanken zu verfeinern und die Architekturen ihrer Ideensysteme von überflüssigen Einzelheiten zu reinigen, auf dass sie klassisch und einfach wirkten. Erotische Stimmungen konnten nicht ausbleiben, wo Geister nach Proportion, Harmonie und Schönheit strebten, die allesamt mit der Liebe im Bunde waren. Aber die Frauen hatten oft genug gehört – und es auch erfahren – dass der Körper von der Freiheit ablenke und durch die Leidenschaften, die ihm Lust bringen, den Geist von sich ablenkten und die Seele abstumpften. Wer geistig immer wendiger und biegsamer werden wollte, der musste sich davor hüten, vorübergehenden, unzuverlässigen Neigungen zum Opfer zu fallen.

Die seit der Antike überlieferten Unterschiede der Geschlechter – der Mann als das aktive, geistige Prinzip, die Frau als das passive, empfangende – konnten nicht mehr überzeugen. Da jeder Mensch aus Geist und Fleisch, aus tätigen und ruhigen Elementen gemischt war, standen sich die Geschlechter gleichberechtigt gegenüber. Der Mystiker Jakob Böhme sprach von dem androgynen Adam, einem »ganz schön hell krystallinisch Bilde, kein Mann, kein Weib, sondern beides als eine männliche Jungfrau«. Die italienischen Humanisten feierten diesen Zusammenfall der Geschlechter in der *virago*, in der schönen Jungfrau mit männlichem Geist, in der Sokrates und Platon die Rückbindung an die ursprüngliche Einheit des Menschen ersehnt hatten. Solche Überlegungen führten allmählich zur Idee der Gleichberechtigung der Frau, die als philosophischer Kopf, als Schriftstellerin, Künstlerin und als »politisches Weib« die Männergesellschaft gründlich veränderte.

Frei und souverän entwickelte sich nach diesen Anschauungen die Dame, die mit ihrem pretiösen Geist, ihrer intellektuellen Anmut und ihrem Charme das Begehren weckte, anfeuerte, immer lebendig erhielt, ohne je eine letzte Gunst zu gewähren, ohne dass sie je selbst schwach wurde und den Freund wie einen Geliebten besitzen wollte. Die Ehe, die Familie, gar die Hauswirtschaft treten dabei in den Hintergrund. Eine Dame, die sich darauf beschränkt, Frau und Mutter zu sein, hat ihr Dasein zumindest in der großen Welt verfehlt. Der Ehemann, die Kinder und der Haushalt konnten die Frau daran hindern, sich als sittlichen Menschen frei auszubilden, sich zu vervollkommnen und eine schöne Figur abzugeben. Kompromisse waren unvermeidlich: möglichst wenige Kinder, um deren Erziehung sich Hauslehrer oder Internate kümmerten, und freier geselliger Umgang, der es den Damen erlaubte, sich mit galanten Freunden geschmackvoll zu bewegen.

Oder eine kluge und interessante Frau zog es gleich vor, unverheiratet zu bleiben, um ungehindert mit Männern zu verkehren oder die Mätresse, Muse oder Seelenfreundin ihres Freundes zu werden. Salon, Bildung und freie Liebe unterminierten nicht die Ehe. Sie ergänzten ein Bündnis, das unvollkommen sein konnte, und verhalfen der Seele dazu, ihre seelische Reizbarkeit und vernünftige Weltaneignung fort und fort zu schulen. Männer und Frauen fanden ihren Vorteil dabei und wurden sich angenehmer, weil sie sich bemühten, anderen zu gefallen und deren Aufmerksamkeit auf sich zu lenken. Die galante Epoche war keineswegs eine sittenlose Zeit. Sie versuchte allerdings, die Spannung zwischen irdischer und himmlischer Liebe so gesellig, so »sozialverträglich« wie möglich zu machen, und anerkannte Freiräume eines freien Spiels, die Liebe und Bildung brauchen.

Es ging darum, die Liebe davor zu bewahren, in den Gegensatz zur Gesellschaft zu geraten, was in ihr als Leidenschaft stets angelegt ist. Das konnte immer gelingen, sofern Vernunft und Tugend die Liebe beraten und das Herz lebendig halten in seinem Verlangen, sich zärtlich den Zärtlichen mitzuteilen. In den weitschweifigen höfischen Romanen triumphiert am Schluss diese große Liebe, der Katastrophen und Abenteuer im verworrenen Leben nichts anhaben konnten, weil die Tugend der Liebenden, unerschütterlich wie ein Fels, die wahre Liebe rein und unüberwindlich erhielt. Gerade die äußeren Zusammenbrüche, die Irrfahrten, Gefangenschaften und endlich die Befreiungen verschafften den ersten Überwältigungen und Plötzlichkeiten der Liebe die wünschenswerte Dauer. Die Literatur führt die Liebe immer wieder in den Heimathafen der Ehe. Die Liebesheirat ist allemal das glückliche Ende, die große Idee oder Utopie, verwirklicht und in der Realität als möglich gedacht.

Die zärtliche Freundschaft in ihren Freiräumen hatte freilich auch – in sehr überschaubaren Zirkeln – ihre egalisierende Wirkung. Wer sich gut auszudrücken vermochte, zu gefallen wusste, den guten Ton virtuos beherrschte, war willkommen, ohne Rücksicht auf seine Herkunft. Was zählte, war allein die schöne Bildung, umso schöner, wenn sie sich mit äußerer Schönheit paarte. Die Menschlichkeit der Humanisten und die zärtliche Vernunft der Liebenden bereiteten der Überzeugung den Weg, dass der Mensch nur jenseits der gesellschaftlichen und konventionellen Bindungen ganz Mensch ist. Unstandesgemäße Ehen häuften sich in Frankreich, dessen Aristokratie von Deutschen, die auf ihren Adel achteten, nicht sonderlich geschätzt wurde, weil sie sie für kolossal verbürgerlicht hielten. Die Stimme des Herzens, die sich nicht an Konventionen hält und damit für Unordnung sorgt, wurde zumindest respektiert, zumal wenn das gebildete Mädchen aus reichem Haus genug Geld mitbrachte. Vernunft sollte überall zugegen sein, wo Leben sich des Lebens freut.

Die Salonkultur und die Galanterie – beides erreichte bald den Bürger, der Edelmann sein wollte und sich darum bemühte, unter Adeligen verkehren zu dürfen – ermöglichten die allmähliche Entdeckung der Privatheit. Im Haus wurde die Wohnung von den Geschäftsräumen abgetrennt. In der Wohnung gab es Zimmer für einzelne Beschäftigungen der Frau und des Mannes, Salons für die Geselligkeit, aber auch »Rückzugsgebiete«, in die der Gatte nur hineinkam, wenn er klopfend darum bat. Getrennte Schlafzimmer wurden in guten Familien zur Selbstverständlichkeit, und unliebsame Besuche konnte die Frau mit Rücksicht auf ihre Migräne abweisen – das war die von nun an modische Entschuldigung erotischer Appetitlosigkeit. Der beseelte Freundschaftskult bewahrte vornehme und gebildete Frauen überhaupt vor den lästigen ehelichen Pflichten, die ihren klugen und weltläufigen Männern auch unelegant vorkamen. Gerade diese Enthaltsamkeit stärkte die Freundschaft unter Eheleuten.

Mit dem Aufkommen der Privatheit werden die Häuser überhaupt erst wohnlich. Jetzt gibt es nicht nur Bänke, sondern Stühle, gepolstert und mit Lehnen, die je nach

Herzensneigung aneinander gerückt werden können, oder das Sofa, auf dem gedacht und geschmachtet wurde. Die geistreiche Zärtlichkeit macht das Leben sogar bequem, manchmal sogar für die wenigen Kinder. Mütter sind ungemein stolz auf ihre »kleinen Räuber« und zeigen sich gerne für Augenblicke mit diesen reizenden Zwergen, die von Ammen genährt und erzogen werden. Aber wer seine Kinder liebt, verwöhnt sie nicht. Humanisten sagten Frauen unablässig, sie sollten sich nicht über eigensinnige Männer beschweren. Die Männer sind so, wie sie von ihren Müttern gemacht wurden: verhätschelt, unselbstständig und eitel.

Frauen schwärmten für Bildung und damit für Erziehung. Das Schlimmste, was einer Tochter passieren konnte, war, als dumme Gans aufzufallen. Der möglichst einzige und damit große, wunderbare Sohn sollte unbedingt die Welt staunen machen. Die Dressur zum vernünftigen, liebenswürdigen, weltklugen und weltgewandten Kavalier konnte gar nicht früh genug beginnen. Ein roher Diamant muss geschliffen werden. Das können nicht die Mütter, dazu bedarf es kundiger Schleifer. Ein Diamant, der nicht geschliffen wird, kann nicht strahlen. Keine Mutter galt als herzlos, die ihren Sohn wie ein ungebärdiges Pferd professionellen Zureitern auslieferte und ihre Tochter möglichst adeligen Klosterfrauen, die sehr genau wussten, worauf es in der Welt ankommt. Überlebten die Kinder und Mütter den langen Erziehungsprozess, dann fanden sie zur Freundschaft, dem großen Ideal.

Gerade die ihrer Mutter so lange entfremdeten Söhne fanden meistens in ihr die beste Freundin. Kein Geistlicher oder Philosoph hielt das für pathologisch. Die Mütter, die sich selbstlos um die Bildung ihrer Kinder sorgten, waren vorbildlich, wie die römischen Matronen, wie die Mutter der Gracchen. Weil sie früh genug die Kinder anderen übergaben, gewannen sie die Freiheit, aus sich etwas zu machen und ihren Kindern, wenn aus ihnen etwas geworden war, verständnisvoll, freundschaftlich zu begegnen. Darin äußert sich keine Teilnahmslosigkeit, vielmehr eine liebende Fürsorge, in vollkommener Übereinstimmung mit der römischen Weisheit: *Amicus cognoscitur amore, more, ore, re.* Verdeutscht meint das: Den Freund erkennt man an der Liebe, am Verhalten, an Wort und Tat. Das setzt voraus, dass der Sohn oder die Tochter so weit gebildet werden, dass sie, reif geworden, wahre Liebe in wahrer Freundschaft zu leben vermögen.

VI.

Die heilige Familie bürgerlicher Humanität und der Weg ins Freie

Die weibliche Bildung und Gleichberechtigung – ursprünglich ein aristokratisches Ideal – widersprach allerdings den männlichen und bürgerlichen Vorstellungen von der Natur und dem naturgemäßen Leben. Die Natur wurde als vernünftige Ordnung mit der Vernunft gleichgesetzt, und unnatürlich lebte seither, wer sich unvernünftig verhielt. Von der Natur war es so eingerichtet, dass die Frau, ganz Instinkt, Seele und Gemüt, sich dem Manne unterordnete, der ihre Schwächen korrigierte und ihr Halt bot, damit sie, sittlich gefestigt, ihren Pflichten nachkommen konnte und ihm zu Hause die Ruhe und Erholung verschaffte, die er draußen im stürmischen Leben vermisste. Las die Frau zu viel, studierte sie oder schrieb gar außer Briefen Traktate, Verse und Romane, dann überschritt sie die Grenzen ihrer Natur und widersetzte sich ihrer vernünftigen Bestimmung. Die gütige Natur bestimmte sie zur geduldigen, liebevollen Gattin, zur Mutter und emsigen Hausfrau. Weil gerade adelige Frauenzimmer es lächerlich fanden, sich auf häusliche Tugenden zu begrenzen, ihren Mann zu erheitern und mit ihm Kinder in die Welt zu setzen, sahen bürgerliche Aufklärer und Freunde der Natur in der Bildung und Kultivierung der Frauen aristokratische Frivolität und gesellschafts- wie staatsfeindlichen Egoismus.

Die gezierten Damen, die in Gärten tändelten und im Salon diskutierten, machten sich nicht nützlich und verfehlten den Zweck ihres Daseins. Der Nutzen war das höchste Ideal der Aufklärung. Was nichts nützte, taugte nichts, weil es nichts zum allgemeinen Wohl beitrug, dem Ziel aller menschlichen Bemühung. Im dauernden Einsatz für die allgemeine, die nationale Glückseligkeit, gelangt jeder zu seiner irdischen Glückseligkeit. Handelt er anders, versäumt er sein Glück und gefährdet das seiner Mitbürger und Mitmenschen. Der Mensch ist die wichtigste Ressource des Staates, das Kapital, das Pfund, mit dem er – biblisch gesprochen – wuchern soll. Der Rohstoff Mensch ist allen übrigen Rohstoffen überlegen, denn er kann alle übrigen Rohstoffe bearbeiten und verleiht ihnen einen Wert, wie er auch selbst durch diese Aufwertung eine Wertsteigerung empfängt.

Nationaler Reichtum hängt also unmittelbar mit den Werte produzierenden Wertarbeitern zusammen. Nur wer über viele Humanressourcen verfügt und deren Vorkommen steigert, bleibt mächtig und behauptet sich im globalen Wettbewerb. Daher ist es natürliche Pflicht der Frauen, zu gebären und sich um das Überleben der Kinder zu kümmern. Die Medizin muss sie im Übrigen darin unterstützen, sie darf nicht länger die Kinder als Forschungsobjekt vernachlässigen und damit unweigerliche Einbußen an der Gebärfront verursachen.

An sich ist es wünschenswert, dass die Kinder aus einer rechtmäßigen Ehe stammen. Aber wie ein sehr praktischer Ökonom und Bevölkerungspolitiker, Christian Ferdinand Hommel, 1785 meinte, sei auch das Konkubinat keine unnatürliche oder vernunftwidrige Gemeinschaft und habe seine Vorzüge. »Nach der Familien Vortheilen fragt ein

Staatskundiger nicht, sondern er will, daß viele Kinder ge-
bohren werden sollen; vornehme oder geringe, eheliche
oder uneheliche? das ist ihm einerley ... Kinder sind denen
Fürsten angenehm, sie mögen herkommen, wo sie her wollen, und könnte man sie in Bergwerken finden, so müste
er die Gold- und Silber Gruben stehen lassen, und Kinder
graben.«

Ein so wichtiges Gut bedarf sorgfältiger Pflege und
Zuwendung. Mütter, die ihre Kleinkinder außer Haus geben
und der Obhut einer Amme anvertrauen, meist einer armen
Frau, die auf jeden Zuschuss für ihre kümmerlich darbende
Familie angewiesen ist, versündigen sich am Kind, an der
Gesellschaft und an der Natur. Denn die Natur hat sie zur
Liebe besonders begabt und berufen. Die Mutterliebe ist ihre
schönste Zier, die Ehre und Würde der Weiber. Sich mit der
Philosophie zu vermählen, statt Kindern die Mutterbrust zu
reichen und sie in den Schlaf zu wiegen, bestätigt nur, in
den eleganten Lastern der großen, verkünstelten Welt befangen zu sein. Die Bürgerin muss sich unbedingt aus
den Irrgärten mondäner Unsittlichkeiten befreien und
zur Schlichtheit und Einfachheit zurückfinden, indem sie
den Anlagen der gütigen Natur folgt und dadurch gefeit
bleibt vor den immer gegenwärtigen Verführungen durch
Frivolität und Leichtsinn.

Jean-Jacques Rousseau hat in seinem Roman »Emile
oder Über die Erziehung« 1762 mit Sophie das natürliche, von den Schäden der Zivilisation unverdorbene
Naturkind im Vollweib geschildert. Ihre Aufgabe besteht
darin, sich dem Manne angenehm zu machen und die
Mutterschaft als Sendung zu begreifen. Dazu bedarf sie
keiner Geistesbildung, ein schönes, empfindsames Gemüt

reicht aus. Als Theologin oder Vernünftlerin gerät sie nur auf Abwege, weil die Frau nicht dazu bestimmt ist, Ideen zu verallgemeinern oder sich mit Abstraktionen abzugeben. Ein weiblicher Schöngeist vernachlässigt seine häuslichen Pflichten und wird zur Plage für Mann und Kind. Stets dazu angehalten, auf der schmalen Mittelbahn des Schicklichen zu wandeln, enthält sie sich aller Launen und Eigenwilligkeiten. Sie schmiegt sich sanft und ergeben in den Willen des Mannes, der für sie denkt und entscheidet.

In der liebevollen Abhängigkeit findet sie ihren Ruhm darin, eine zärtliche Gattin, eine nimmermüde Mutter zu sein und im Haus ein wahres Paradies zu schaffen, eine Stätte für Herzensergießungen und belebende Stimmungen. Da können Mann und Kind Mensch sein, umhegt von der selbstlosen Mutter, deren Natur sich darin vollendet, in anderen aufzugehen und aus anderen zu leben. Es ist selbstverständlich, dass die Frau als Inbegriff der Sittsamkeit überhaupt kein Opfer sinnlicher Kitzeleien werden kann. Lässt sie sich vorübergehend – wie Julia in der »Neuen Heloise« – von den leidenschaftlichen Beteuerungen ihres Lehrers verführen, streift sie nur Laster, aber reinigt sich sofort, da sie sich vom Geliebten trennt und dem Wunsch des Vaters gehorcht, eine standesgemäße Ehe einzugehen. Sie liebt ihren Mann keineswegs, aber sie unterwirft sich »den keuschen und erhabenen Pflichten, die zur Glückseligkeit, zur Ordnung, zum Frieden, zur Fortdauer des menschlichen Geschlechtes so wichtig und an sich selbst so süß zu erfüllen sind«.

Die Reinheit, Würde und Heiligkeit der Ehe überwältigten sie, und ihre verwirrten Gefühle beruhigten sich unter den segensreichen Geboten der Pflicht und der Natur. Befreit von den Leidenschaften, die sie zeitweise aus dem

Gleichgewicht gebracht hatten, weiß sie jetzt, wie sie Gott bekennt, dass sie den Gemahl lieben will, den er ihr über den Vater gab. »Ich will treu sein, weil dies die erste Pflicht ist, welche die Familie und die ganze Gesellschaft zusammenhält. Ich will keusch sein, weil dies die erste Tugend ist, die alle anderen nährt. Ich will alles, was mit der Ordnung der Natur in Einklang steht, die du errichtet hast, und mit den Regeln der Vernunft, die ich von dir habe.« Sie liebt weiter ihren ehemaligen Verführer, zärtlich innig und nun unbefleckt von niederen Gelüsten. Es ist die reine, göttliche Liebe, während der geachtete Ehemann die Liebe erhält, die er in einer natürlichen und vernünftigen Einrichtung erwarten darf. So lässt sich die himmlische mit der irdischen Liebe vereinen.

Eine ganz weltliche Vereinigung, wie es die Ehe für Rousseau ist, gewinnt über die Pflichten gegenüber der natürlichen Ordnung, vor allem aus der Pflicht der Frau zur natürlichen Unterordnung, eine überraschende laizistische Weihe. Im Gegensatz zur Kirche verlangt die gütige Natur Gehorsam. Für die Kirche war jede erzwungene Ehe – zumindest theoretisch – ungültig. Die freie Zustimmung begründete die eheliche Gemeinschaft. Julia findet zum Glück und zur Freiheit durch Selbstverleugnung, gehorchend den Übermächten, die alles ordnen und mit denen im Bunde jeder zur Ordnung und zur Funktionstüchtigkeit findet. Die Lust und die Leidenschaft streuen nur Sand ins Getriebe. Die Tugenden, die Entsagung und Askese – säkularisierte Restbestände christlicher Tradition – werden jedoch nicht mehr belohnt mit der befreienden Gnade Gottes und mit dessen Liebe, die dabei hilft, sich zur Person auszubilden und zur Freiheit eines Christenmenschen zu finden.

Sie sind jetzt zu freudlosen Mitteln geworden, sich ehernen Strukturen geschickt einzupassen, die das Individuum normieren und gerade seine Einzigartigkeit als willkürlich und systemstörend beseitigen. Wenn Natur und Vernunft immer gemeinsam Recht haben, weil sie das Gute wollen, dann müssen alle zum Ausdruck dieses Guten werden, zu einem Willen zusammengefasst, in dem sich das Vernünftige notwendig ausdrückt, das alle Launen und Besonderheiten vereinheitlicht. Rousseau dachte nicht an ein Pluriversum, sondern an ein Universum, das sich in Vater, Mutter und Kind im Kleinen abbildet, gleichsam als vorweggenommener Wohlfahrtsausschuss Robespierres, der die vernünftige, unteilbare und mit sich einige Nation – oder Familie – überwachte und vor individuellen Abweichlern schützte.

Zu den Abweichlern gehörte auch Olympe de Gouges. Sie nahm die Revolution beim Wort und verlangte, dass die Menschen- und Bürgerrechte auch auf die Frauen ausgedehnt würden, die, wie sie meinte, ebenfalls Menschen seien, befähigt, wie selbstbewusste Bürger zu handeln. Sie stritt für die vollständige Gleichberechtigung der Frauen und gegen die Tyrannei der Männer, die sich allein zu Menschen ermächtigt hatten und die Menschenrechte als Männerrechte geltend machten. »Die Frau hat das Recht, das Schafott zu besteigen. Sie muss gleichermaßen das Recht haben, die Tribüne zu besteigen.« Damit überschritt sie die Grenzen der Natur. Mit der Gleichberechtigung forderte sie das Recht auf Bildung, auch für Frauen, auf dass sie sich zum Menschen zu bilden vermochten. Die frivolen, hinterlistigen und charmanten Intrigantinnen im Ancien Régime gaben ein schlechtes Beispiel, das leugnete sie nicht. Damals war alles lasterhaft und schamlos.

Aber nun, beim Aufbruch in die neue Zeit, eine Zeit der Tugend und Freiheit, kann man die Frauen zur Selbstständigkeit befreien und sie dazu befähigen, nicht mit spezifisch weiblichen Waffen die Männer in der Nacht in ihre – auch politische – Abhängigkeit zu bringen, sondern offen und selbstbewusst zu kämpfen zum Wohle der Nation, die sich aus Bürgern und Bürgerinnen zusammensetzt. Die Nation führte die Zivilehe ein, sie erlaubte die Scheidung, doch beides sollte, im Sinne Rousseaus, die Frauen nicht aus der Oberherrschaft des Mannes lösen, sondern diese Oberherrschaft – unabhängig von religiösen Vorurteilen – als naturgemäß und vernünftig erscheinen lassen. Olympe de Gouges sprach von männlichen Vorurteilen, die sich der Natur und Vernunft bedienten, und verstieß damit gegen die neuen Heilslehren männlich-vernünftiger Bürgerlichkeit. Sie wurde 1793 guillotiniert.

Kein Wunder, dass eine sehr eigensinnige und selbstständige Frau wie Charlotte von Kalb 1799 an Jean Paul schrieb: »Ich kenne nichts Trivialeres als die Vorstellung unserer meisten Aufklärer, auch der Dichter, über die Frauen.« Die gebildete Freundin Schillers, Hölderlins und Jean Pauls, die sich nie sonderlich um die öffentliche Meinung kümmerte und überhaupt nicht feige war, widerlegte mit ihrem Lebenswandel eindrucksvoll, dass der Wille der Natur die Frau zu Schwachheit und Ohnmacht bestimmt habe. Joachim Heinrich Campe, der staubtrockene Aufklärer, dessen Bücher schon beim Durchblättern Hustenreiz verursachen, mahnte die Frauen zu Geduld, Sanftmut, Nachgiebigkeit und Selbstverleugnung, ohne die ein weibliches Geschöpf seine natürliche Bestimmung, Gattin und Mutter zu sein, nicht erreichen kann und sein

Glück in der Ehe verfehlt. Wer sich den »weisen und mütterlichen Absichten der Natur« entzieht, verbittert sich das Leben und handelt unvernünftig.

Immerhin hatten die intelligenten Frauen in Deutschland zu Ende des 18. Jahrhunderts kaum noch Lust, sich an solche Ratschläge zu halten. Die Französische Revolution mit ihren Umbrüchen, das Zurückdrängen der überkommenen Hauswirtschaft und die Individualisierungsschübe im Zusammenhang mit der idealistischen Philosophie und Romantik hatten unter Deutschen einige Unruhe bewirkt und unübersichtliche Reformwünsche beschleunigt, die zuletzt auf eine Lebensreform insgesamt zielten. Das berührte unmittelbar die Vorstellungen über Ehe und Liebe, über Zärtlichkeit und Freundschaft. Die Deutschen konnten nicht genug darüber lesen oder auf der Bühne sehen. Sie beließen es nicht dabei. Was sie gelesen hatten, was sie anund aufregte, begannen sie, zaghafter oder entschlossener, ins Leben selbst zu setzen. Madame de Staël beobachtete erstaunt und leicht erschrocken die Anarchie in den deutschen Ehen. Die Deutschen ließen sich nämlich viel weniger von den Gesetzmäßigkeiten der Natur und Vernunft beeindrucken als die Franzosen.

Sie dachten an Bildung zum Menschen, an die Veredelung seiner Natur, an die Verfeinerung der Seele, kurz an Kultivierung, was immer bedeutet, die Mängel der Natur zu überlisten. Die Frauen, vor allem die »akademischen Kraftfrauen«, wollten endlich Mensch werden, Bildung um ihrer selbst willen erwerben, weil eben nur die zum Menschen gewordene Frau in der Freundschaft oder Ehe den Mann als selbstständige Gefährtin begleiten kann. So verbanden sich in der deutschen Ehe zwei starke Geister, was die Französin doch sehr beunruhigte, da beide völlig in Anspruch genommen waren von der Religion der Liebe, die sich in der Ehe offenbaren solle. Die Seelenvereinigung ist dann nicht immer leicht von der zupackend-praktischen Vermählung der Sinne zu unterscheiden. Die Französin liebte den Charme der Konventionen und dachte sich die Liebe nicht allzu roh.

Die Deutschen waren sehr haptisch geworden, sie lagen sich ununterbrochen in den Armen, tauschten Küsse, benetzten Freundschaftseide mit beseligten Tränen und kramten wie in einem Schatzkästchen in den dunkelsten Verliesen ihrer Herzen, um den Freund oder die Freundin zu beglücken. Französischen Naturschwärmern war das alles doch entschieden zu natürlich und naturpoetisch. Aber Madame de Staël gab unbedingt zu, dass die Bildung deutscher Frauen ungewöhnlich war, die deshalb auch eine ungewöhnliche Freiheit für sich beanspruchen durften. Die ersten und unumstößlichen Ansprüche hat die Menschheit an die ausgebildete Frau, dann kommen erst die Mutter und die Hausfrau. Ohne ein gut gebildeter Mensch zu sein, kann sie keine gute Hausfrau werden. Das lehrten die damaligen Frauenversteher und Enthusiasten weiblicher Emanzipation, als der berühmteste unter ihnen Theodor Gottlieb von Hippel, der sich als geistiger Warmduscher gar nicht vorstellen konnte, von einer Frau mit einer kalten Dusche überrascht zu werden. Die Frau gewinnt durch Bildung männliche Geistesmuskeln, und der Mann lässt mit der sublimen Empfindsamkeit seinen weiblichen Anlagen freien Lauf. Das hofften die Menschenfreunde inbrünstig.

Indem der Mann edel verweiblicht und das Weib anmutig vermännlicht, finden beide zur vollen Menschlichkeit und sind nicht mehr Mann oder Weib, sondern Mensch in strahlender Schönheit und Würde. Beide waren möglichst ununterbrochen verliebt und befanden sich in dem gehobenen Zustand freudigen Verströmens und Empfangens ungeahnter Gefühle und aufwühlender Sensationen. Noch nie hatte es in Deutschland so viele Frauen gegeben, die ihren Gefährten Muse, Freundin oder Geliebte waren und ihren Reichtum an Zärtlichkeit mit Nebenfreunden teilten, die zeitweise den privilegierten Gatten und Konkurrenten um seinen Vorrang brachten. Die Ehe zu dritt war ein modisches Experiment, für manche durchaus beglückend. Eifersüchtig durfte keiner sein, der in sich die Vernunft des Mannes und den Geist der Frau vereinte.

Die Liebe erwies sich als Macht, als Bildungsmacht. Das pietistische Fühlen, die Wellen der Empfindsamkeit und endlich die Wogen der Leidenschaften, die der Sturm und Drang als Aufputschmittel brauchte, hatten die lyrisch-vertieften Erwartungen nach und nach gesteigert, vielleicht sogar ins Unangemessene. Was aber unangemessen sein konnte, darüber gab es, trotz aller unendlichen Gespräche über die unterschiedlichsten Abstufungen der Liebe und Freundschaft, um 1800 kaum noch Klarheit. Die meisten waren zu gewissenhaft, um die Lust unverhohlen als Ziel und Zweck der Liebe auszugeben. Denn dann wäre die Ehe oder die Liebesbeziehung womöglich nur eine wechselseitige Ausbeutung zweier einander zum Lustobjekt gewordener Subjekte. Das widersprach der Würde des Menschen und seiner Persönlichkeit, die nie als Sache verwertet werden sollte. Doch die Liebesleidenschaft, die Wollust, konnte, wie es in Friedrich Schlegels »Lucinde« geschah, zum heiligsten Wunder der Natur gesteigert werden, durch das es zu der mythischen Vollendung des Männlichen und Weiblichen zur ganzen Menschheit kam.

Die Liebenden waren »ganz hingegeben und eins, und doch war jeder ganz er selbst«. Sie waren ganz Natur und überstiegen sich ins platonische Urbildliche, in die realisierte Idealität des mit sich versöhnten Menschen. Das alles hatte nichts mehr mit dem Kerkerdunkel des bürgerlichen Lebens zu tun, aus dem Clemens Brentanos Liebende im »Godwi« aufbrachen, um aus der Liebe erneuert und verändert zu werden. Julius gelingt das mit der Lucinde: »Wir leben und lieben bis zur Vernichtung. Und wenn die Liebe, die uns zu wahren vollständigen Menschen macht, das Leben des Lebens ist, so darf auch sie nicht die Widersprüche scheuen, so wenig wie das Leben und die Menschheit.« Die beiden sind entrückt in eine Liebesnacht, fern der herben Welt, die schöne, heilige Ruhe in der immer beweglichen Sehnsucht nach einander genießend, nicht unähnlich den Nachtgesängen, mit denen Wagners Tristan und Isolde im Liebestausch ihrer Identitäten zueinander finden. Das alles ist weit weg von Rousseaus Natur und Vernunft. Die Liebe ist in solchem Verständnis ein Elementarereignis, neben dem die aufgeklärte Tugend altjüngferlich und sauertöpfisch wirkt.

Die Liebe ist sich selber Zweck und hat insoweit soziale Folgen, als sie eine Kraft ist, die alle Ordnungen zu sprengen vermag, ihnen aber gerade dadurch zu neuem Lebensrecht verhilft, dass sie sie umstürzt. Diese beiden Hymniker einer Liebesreligion, die Tristan und Isolde gleichsam zur Ehe verhilft, weil sie die Spannung von Tugend und Sinnlichkeit, von himmlischer und irdischer Liebe, von Zärtlichkeit und Leidenschaft auflöst, widerriefen bald ihre verwegenen Hoffnungen. Sie wurden ernsthaft katholisch. Doch ihre Botschaft, dass die Liebe befreit – die freie Liebe, die sich von klassisch-ästhetischen und bürgerlichen Konventionen nicht bevormunden lässt –, blieb unvergessen. Nicht zuletzt unter den Frauen, die frei wie die Männer werden wollten.

Das verwehrten ihnen schließlich auch die deutschen Philosophen der Liebe und Ehe. Die Ehe ist für Johann Gottlieb Fichte eine moralische Gesellschaft. Sie wird dazu über die Frauen. Ihnen ist die Liebe zur Natur geworden. Diese Liebe der Frau strebt nicht nach eigener Befriedigung, sondern nach der geschlechtlichen des Mannes. Ihr genügt ein befriedigtes Herz. Ihre Liebesstimmung ist dauernd und ewig, sie gibt sich auf immer, wenn sie sich liebend auf einen Mann einlässt. Sie verzichtet auf ihr Selbst, sie wird zum Teil des Mannes, dessen Namen sie annimmt. Sie will und kann keinen anderen Willen mehr haben als den des geliebten Mannes, der Stolz ihrer Liebe besteht darin, ihm unterworfen zu sein.

Der Mann, von Natur großmütig und rücksichtsvoll, ist genötigt, diese Hingabe nicht zu verletzen, so dass sich Liebe und Großmut ergänzen und eine vollkommene Vereinigung zweier Personen zum ganzen Menschen ermöglichen. Eine Ehe ohne Liebe ist widernatürlich. Die Frau kann sich aufgrund ihrer liebenden Natur nur dem Manne hingeben, den sie liebt, und der Mann wird seines Rechtes auf Liebe und eine glückliche Ehe beraubt, wenn sich die Frau unfreiwillig in eine Ehe mit einem Manne fügt, den sie nicht liebt. Denn nur die Liebe ist der Grund einer rechtmäßigen Ehe, und wo diese nicht ist, ist die Verbindung bloßes Konkubinat. Die Frau kann sich nur unbegrenzt dem unterwerfen, den sie liebt. Wer von ihr geliebt wird, würde unvornehm und unsittlich handeln, wenn er die Ehre und Würde seiner Frau verletzte. So bleiben sie in Eintracht verbunden, ein Herz und eine Seele.

Bei allen Annäherungen an Rousseau, dort nämlich, wo dieser die Frau vollständig vom Manne abhängig macht, ist Fichte dennoch der Verfechter der Liebesheirat, die den Zweck haben soll, über die Liebe der Frau auch den Ehemann aus seiner egoistischen Geschlechtlichkeit zu erlösen und zum liebenden Gatten zu veredeln. Freilich wurden alle Regungen von Selbstständigkeit, die sich unter Frauen um 1800 zeigten, mit seinem Liebespathos wieder aufgehoben. Denn die Frau ist von Natur aus nur Liebe, Nachgiebigkeit und Einfühlsamkeit, sie gewinnt nur Substanz, soweit sie am Manne Anteil haben darf. Unversehens kommt Fichte auf die Klischees der Aufklärer zurück und wird zum Philosophen der bürgerlichen Ehe und, über diesen Umweg, der bürgerlichen Familie. Denn spätestens nach dem Sturz Napoleons, der als Korse und aufgeklärter Franzose ohnehin nichts von Menschenrechten der Frauen hielt, beruhigten sich die philosophischen Aufgeregtheiten. Überall verlangte der Bürger nach Ruhe und Ordnung, eben einer Ordnung in seinem Sinne. Dazu gehörte die bürgerliche Ehe und deren Erweiterung, die bürgerliche und christliche Familie.

Der deutsche Bürger betrachtete die Liebe weiterhin als die Voraussetzung des ehelichen Glücks. So ganz mochte er sich von der Poesie der frohen Erwartungen in idealistischer Trunkenheit nicht lösen. Sie schmückte das traute Heim und verzierte das Sofakissen. Aber nach all den stürmischen Erfahrungen mit den bildungshungrigen Amazonen und »Vollweibern« ermatteten auch die passionierten männlichen Frauenrechtler und fanden, dass Gemütspflege und Häuslichkeit die Würde der Frauen ausmache, die damit Rosen ins prosaische Leben des Mannes streuen, deren Duft und Zauber ihn sanft stimmt, solange die liebende

Gattin nicht erotische Ansprüche stellt. Rousseau oder Fichte waren sich darin einig, dass die Frau gar nicht weiß, was Lust ist, und dass nur perverse Männer danach trachten können, die Natur der Weiber zu verderben, indem sie keusche Ehefrauen von der selbstlosen Hingabe an ihren Mann ablenken wollen. Die Frau – von Natur aus Liebe – will gar keine Lust, sondern nur die Lust des Mannes befriedigen, von der sie eigentlich gar keine Ahnung hat und haben soll.

Die bürgerliche Ehe ist bei aller Liebe eine anständige Veranstaltung. Die Frau verhält sich hochanständig, also zärtlich-desinteressiert. Vom Glück und Genuss als Zweck des Lebens wurde viel geredet, aber doch immer mit der Erinnerung, dass unüberlegter Genuss Übelkeiten und Verdruss verursachen kann. Dann wird es ungemütlich. Nichts fürchtet der Bürger mehr als die Unterbrechung seiner Behaglichkeit und Seelenruhe, die er in Deutschland seither Gemütlichkeit nennt. Dieses höchste Gut entfaltet sich im Schoß der Familie. Jetzt erst empfängt dieser Begriff die intime Bedeutung, die er bis heute nicht verloren hat. Erst während der Auflösung der alten Ständegesellschaft, im Zuge der Liberalisierung und Individualisierung, entsteht die Kleinstfamilie, die wir meist mit der Familie schlechthin verwechseln. Vater, Mutter und die drei bis vier Kinder leben für sich, zurückgezogen in den eigenen vier Wänden, in der Wohnung, die nun zu einem sentimentalen Lebensraum wird, Refugium, Heiligtum und Museum zugleich.

Ein Refugium, weil die Familie fern von dem Lärm der aufgeregten Zeit situiert ist, der nicht in die Privatheit dringen darf. Heiligtum, weil die Familie sich in Nachahmung der Heiligen Familie – Maria, Joseph und das Kind, das

Christkind, wie es heißt – sittsam, keusch und fromm zur Dreieinigkeit in holder Eintracht selber heiligt. Goethe hat dieser Idee am Beginn von »Wilhelm Meisters Wanderjahren« – mit einer neuen Heiligen Familie – die religiös-ästhetischen Weihen verliehen. Und Museum, da die Wohnung jetzt, voller Erinnerungsstücke und Bilder, zur sentimentalen Gedenkstätte wird, in der die Ahnen mitten unter den Lebenden anwesend sind. Ein Familienkult neuer, ungewohnter Art schafft sich Raum im eigentlichen Wortsinne, vor allem aber möbliert er den inneren Seelenraum. Wird die Welt zur Geschichte und nur noch als Geschichte verstanden, dann ist es unvermeidlich, dass sich der Mensch selbst historisch wird. Er begreift sich als Glied in einer Abfolge von Geschlechtern, die wie eine Brücke den Abgrund überbaut, den unheimlichen Abgrund der Zeit, der immer weitere Zeiten verschlingt.

In diesem Sinne gibt sich die Familie eine Geschichte, legt einen Stammbaum an, pflegt Gräber und erweitert sich bei Familienfesten, die nun Mode werden, zu einem stattlichen Verband von Verwandten, die darauf schwören, dass Blut dicker als Wasser sei. Sie treffen sich bei Taufen, Hochzeiten und Beerdigungen oder auf eigens anberaumten Familientagen und erfreuen sich an der Menge liebwerter und möglichst einflussreicher Angehöriger. Sie reden sich mit Du an und gebrauchen die absurdesten Kosenamen. Verwandte heiraten auch wieder untereinander. Luther hatte die katholischen Eheverbote aufgehoben, und die katholische Kirche lockerte nach und nach ihre rigorosen Gebote; sie hatte schon immer Zugeständnisse machen müssen, sobald Prinzen und Könige aus dynastischem Interesse ihre Cousinen heiraten wollten. Bürger gründeten mittlerweile

Dynastien eigener Art und bedachten die Möglichkeiten des Unternehmens und dessen Fortentwicklung bei den Ehen, die dennoch nach außen wie von der Liebe gestiftet wirken sollten. Auch die Fürsten mussten zumindest so tun, als sei die erste Familie auch die beste und glücklichste.

Selbstverständlich gab es weiterhin Dienstboten, aber ihre Zahl ging erheblich zurück, denn man wollte in der Privatsphäre nicht von Fremden beobachtet werden. Außerdem wohnte das Personal von nun an abgetrennt von der Herrschaft und war ausgeschlossen vom Familienleben, das durch Riten und Liturgien Stil empfing: das Essen am Abend, bei dem sich die gesamte Familie traf, die Geburtstagsfeiern mit dem Aufsagen von Gedichten, mit passenden Liedern und dem Auspacken der Geschenke, die Spiele mit den Kindern, die Hausmusik oder die innige Zweisamkeit des glücklichen Paares bei der gemeinsamen, die Herzen weiterbildenden Lektüre der Klassiker. Zuweilen gab es große Diners, Herrenabende oder die Kaffeekränzchen der Damen. Im Haus steht die Mutter im Mittelpunkt. Von ihr hängt ab, ob der häusliche Frieden wohltätig jeden umfängt. Weil die Liebe von Natur aus wie die Seele in ihr lebt, lastet auf der Frau die Pflicht, den kleinen Verein der ihr Anvertrauten liebevoll zu beseelen.

Sie muss nicht nur Gefühle haben und dauernd verschenken, sie hat sich darum zu kümmern, in den Kindern fühlende Wesen heranzubilden. Das fängt mit adretter Kinderkleidung an und führt über Kinderspielzeug, Kinderlieder und Kinderbücher zur Kinderbibel. Das liebevoll behütete und beachtete Kind lernt besser und schneller, und wer sein Kind liebt, lässt es viel, unendlich viel lernen. Das muss sein, man lernt fürs Leben. Es muss aber auch sein, damit die Eltern und Kinder zu Freunden werden, miteinander diskutieren können und das Glück übereinstimmender, feinsinniger Gemüter rundum genießen können. So stehen schließlich alle unter Druck, liebevoll und herzlich zur Gemütlichkeit beizutragen. Immerhin, die Mutter ist seither zu einer fast mythisch überhöhten Gestalt geworden, überhöht von Söhnen, die unermüdlich beteuern, ihr fast alles zu verdanken. Der Vater gerät darüber sehr in den Hintergrund. Kinder, die nur mit dem Vater aufwachsen, entbehren viel, Kinder, die nur eine Mutter haben, entbehren nichts, so heißt es noch heute. Die liebende Mutter und das Kind, der geliebte Sohn bilden eine wundersame Einheit, neben der betrachtend und sinnend der bürgerliche Vater steht, wie Joseph, der Ernährer und Ziehvater Christi: nicht überflüssig, aber ein bisschen verlegen.

Der Höhepunkt dieser Idylle ist das Weihnachtsfest, das Hochamt bürgerlicher Heiligkeit. Die Geburt Christi war bislang ein ernstes Fest, da es galt, den Eintritt des Erlösers dieser Welt in die Geschichte gebührend zu feiern. Jetzt wurde es verwandelt zum Kinderfest um das unschuldige Christkind draußen auf dem Lande, inmitten von aufgeputzten Hirten, niedlichen Engeln und adretten Musikanten. Eine eigene Weihnachtsliteratur entstand, Weihnachtslieder und Weihnachtskonzerte kamen hinzu, vom Weihnachtsgebäck und der weihnachtlichen Gans zu schweigen. Alles wird überstrahlt vom Weihnachtsbaum, dem ganz neuen Licht der Welt – bald von der Glühbirne wunderbar verstärkt –, das dem Vater, der Mutter und dem früh gereiften Sohn veranschaulichte, dass der Mensch, wenn er sich strebend bemüht, erleuchtet wird, es zu etwas bringt und zum sanft leuchtenden Glück findet, das aus der dreieinigen Familienidentität strömt, früchtespendend ohne Ende.

Wer brav und folgsam gewesen war, fleißig gelernt und vor allem seine Mutter nie betrübt hat, der wurde nun belohnt mit Geschenken. Da Weihnachten ein Fest der Liebe sein sollte, öffnete die Familie ihren heiligen Kreis den alten Jungfern und dem Hagestolz unter den Onkeln und Tanten, vor allem der Großmama, die nun nicht mehr als alte Hexe gefürchtet wurde, sondern als Inbegriff des Wohlwollens, des guten Humors und der Weisheit schwärmerische Verehrung fand. Wie ja überhaupt Weisheit und Humor für die Gemütsmenschen verschmolzen. Das verbürgerlichte Fest spielte mit religiösen Surrogaten, wie überhaupt das Haus und die Wohnung über die erlesenen Gerüche duftgesalbter keuscher Tauben in Gestalt schöner Menschen eine wohlgefällige Sakralisierung erfuhr, um bildungsbürgerliche Indifferenz nicht allzu offenkundig werden zu lassen. Denn hochanständige Menschen konnten als solche nur respektiert werden, wenn sie ihre Achtung vor Kirchlichkeit bekundeten, und sei es nur die Achtung vor der Kirchlichkeit des Allerhöchsten Kaiserhauses.

Die bürgerliche Familie, von der unsere Familien abstammen, diese sehr junge Erscheinung, die in bürgerlicher Altbegier gerne so tat, als sei sie viel älter, war zerbrechlicher und gefährdeter, als ihr selber bewusst war. Allerdings geht es mit ihrer Zerbrechlichkeit wie bei alten Kaffeetassen, die einen Sprung haben und gerade deswegen – vielleicht – ewig halten, weil man sorgsamer mit ihnen umgeht. Die ungewöhnliche emotionale Privilegierung der Frau und Mutter konnte sie, wie auch die anderen Familienmitglieder, überfordern. Versagte die Frau, dann kam es unweigerlich zu Schuldgefühlen und Selbstvorwürfen, ergänzt um noch intensivere Bemühungen, zur idealen Gattin oder Mutter zu werden. Die gut situierte Frau, die Dame, hatte bei ohnehin schon sehr fortgeschrittener Sensibilisierung unendlich viel Zeit, über sich nachzudenken und sich zu analysieren, um Fehler zu vermeiden oder zu erkennen. Das strapazierte die Nerven bisweilen so sehr, dass man sie als nicht mehr belastbar empfand. Ja, die Nerven wurden jetzt überhaupt erst entdeckt, und Ärzte erfanden ganz neue Krankheiten wie Nervosität und Neurasthenie.

Diese verbreiteten sich ziemlich schnell unter denen, die Muße genug hatten, sich mit Büchern über diese vornehmen Anfälligkeiten zu beschäftigen. Da gab es das Krankheitsbild der »klassischen Nervösen«, und bald sprach man auch von der Hysterikerin. Beide flüchteten in ihre Krankheit oft aus Langeweile und damit aus Verdruss am normalen, bürgerlichen Leben. Die bürgerliche Frau hatte in der Regel immer gearbeitet. Jetzt war sie zur Dame geworden und damit jeder Arbeit enthoben, um sich ganz darauf zu konzentrieren, ideale Gattin und Mutter zu werden, ihre schöne Seele in Schwung zu halten und, sofern angebracht, mit sicherer Eleganz zu repräsentieren. Annäherungen an den wissenschaftlichen Geist der Epoche durfte sie, im Gegensatz zu früher, nicht wagen, weil sie dann unüberlegt die natürlichen Grenzen ihres Geschlechtes überschritten hätte. Politik, Wirtschaft, selbst Theologie galten als Männersache. Die bürgerlichen Frauen saßen in einem goldenen Käfig.

Dachte eine Frau an Emanzipation, so sagte man, sie sei überspannt. Dagegen halfen Baldrian oder eine Reise ins Bad. Wurde sie dort etwa erotisch angeregt von einem »Kurschatten«, verfiel sie von einer Aufregung in die nächste. Denn Frauen sind, wie die Ärzte sagen, erotische Phlegmatiker, die sich nur aus Pflicht dem männlichen Begehren fügten. War sie nun eine Ausnahme, die ihre Natur vergaß, weil der reizende Kavalier sie reizte? Warum verwirrte oder verirrte ausgerechnet sie sich? Darüber konnte man schon Depressionen bekommen, sofern es nicht viel schicklicher erschien, sich lieber gleich mit einer Lungenentzündung abzulenken. Kurzum, die Ärzte bekamen viel zu tun und machten die Krankheiten, die sie konstatierten, richtig populär.

Rücksichtsvolle Ehemänner verzichteten nach dem vierzigsten Geburtstag auf den Vollzug der ehelichen Pflichten, weil anständige Leute jenseits der Jugend »so etwas« nicht tun. Sie konnten sich im Bordell oder bei einer kleinen, süßen Freundin schadlos halten, darauf bedacht, dass die Gattin davon nichts erfuhr. Hörte durch Gerede der besten Freundinnen die Gattin dennoch von der Affäre, dann schien es am besten, geduldig zuzuwarten, keine Szenen zu machen und »dem Verirrten« mit allem Wohlwollen das Leben nicht schwer zu machen. Denn die Fassade vor dem Einsturz zu bewahren gehörte zu den obersten Geboten der bürgerlichen Ehe. Sowie auch nur der äußere Stuck Risse bekam, setzte man sich dem Verdacht aus, als Stütze der Gesellschaft nur sehr unzulänglich mit deren sittlichen Überzeugungen und Geboten vertraut zu sein. Tugend, Glück und Eintracht in der Familie bildeten die Grundlagen der insgesamt brüchigen bürgerlichen Moral.

Diese Moral behauptete, mit der Menschheit, der Natur, der Vernunft und allem Schönen, Guten und Wahren im

Bunde zu sein. Der Bürger verwechselte sich immer mit der Natur, dem Menschen oder der Nation. Er gab sich nie gründliche Rechenschaft darüber, dass er nur einen Klassenstandpunkt oder gar ein Vorurteil idealisierte, wenn er von diesen »höchsten Werten« sprach. Zu dieser Einsicht gelangte er nur gelegentlich, unter dem Eindruck abgefallener Bürger, meist zu Sozialisten gewordenen Abtrünnigen der Bürgerlichkeit. Zwar war mit Jeremy Benthams Formel vom »größtmöglichen Glück der größtmöglichen Zahl« die Utopie der modernen, bürgerlichen Gesellschaft bündig auf den Punkt gebracht. Aber die bürgerliche Ehe, die bürgerliche Familie, die bürgerlichen Tugenden wurden der größtmöglichen Zahl vorenthalten, die ins größte Unglück geriet, statt sich dem größten Glück annähern zu können. In der Ehe und Familie der Arbeiter unterbanden die realen Bedingungen des Arbeitslebens die subtile Liebeskunst und, als deren Ergebnis, die beseelte Gemütlichkeit, wie sie »natürlich« ist in jeder guten Ehe.

Mann und Frau und Kind arbeiteten, sahen sich selten, aßen kaum zusammen, kannten sich nicht und hatten keine Zeit füreinander. Gegen Ende des Jahrhunderts besserten sich die Verhältnisse, aber es blieb außerordentlich schwierig, den inneren Menschen auszubilden, sich zu bilden und ein bisschen freie Zeit für sich und die Familie zu gewinnen. Die Familien entstanden oft zufällig und waren über lange Zeit uneheliche Gemeinschaften geblieben. Der Bürger jammerte über die entsetzliche Unmoral der unteren Stände und deren peinliche Unchristlichkeit. Aber er scheute davor zurück, die Ursache dieser Übel im bürgerlich-kapitalistischen Arbeitssystem zu vermuten, einem System, das, an Gewinn und Umsatz orientiert, nicht durch

Sentimentalität – mit der der Bürger ansonsten nahezu verschwenderisch umging – beunruhigt werden dürfte. Wettbewerb ist natürlich, das Recht des Stärkeren ist natürlich, und wer unterliegt, bestätigt, dass er schwach, unterentwickelt oder nicht mehr vermittelbar ist. Die Natur ist bürgerlich, und der Bürger beweist seine unverfälschte Natürlichkeit, wenn er, im Kampf ums Dabeisein auf dem Markte, jeden verdrängt, der ihm im Wege steht.

In den eiskalten Wassern derartiger Naturphilosophie und egoistischer Berechnung hat die Bourgeoisie, wie ihr Marx und Engels vorwarfen, alles abgetötet, was dem Leben einmal Würde, Freiheit, Glanz und Liebenswürdigkeit verliehen hatte. Selbst die Familienverhältnisse hat sie zu einem reinen Geldverhältnis erniedrigt, bei Hochzeiten allein an Investitionskapital denkend und darüber an Geschäftsvergrößerung oder Handelserweiterung, da das unruhige Kapital den Globus durchdrang und keinen zur Ruhe kommen ließ. Die bürgerliche Moral und Sittlichkeit war für beide – Bildungsbürger, die sie gleichwohl waren – nicht mehr als ideologischer Flitter, der die hässliche Ausbeutung vieler und die reinen Geschäftsinteressen weniger verschleiern sollte. Doch dieser Vorwurf hielt sie nicht davon ab, den Bürgern ihre Idealität zu entreißen, in der Absicht, sie tatsächlich allen zugänglich zu machen.

Engels verteidigte lebhaft die Liebesheirat und die liebevolle eheliche Gemeinschaft. Zu der kann es aber allgemein erst kommen, wenn die kapitalistische Produktion beseitigt ist. Die Unzulänglichkeiten und ideologischen Verlogenheiten der bürgerlichen Welt ergaben sich für ihn aus den kapitalistischen Methoden des Wettbewerbes und des Gewinnstrebens, die ohne Unterdrückung, Vernichtung und Eliminierung gar nicht funktionieren können. Wird die Wirtschaft von diesen Zwängen befreit, lässt sich auch die Frau emanzipieren, so dass die Liebesheirat endlich zur Heirat Gleicher und Freier wird, zum Fundament von Freiheit, Gleichheit und Brüderlichkeit, in die auch die Schwestern eingeschlossen sind.

Immerhin bestätigt der Enthusiasmus für die Liebesheirat, dass dieses Ideal tatsächlich als erstrebenswertes angesehen wurde. Der deutsche Arbeiter bemühte sich ja energisch darum, zu verbürgerlichen, also die Frau von der Arbeit zu entlasten und möglichst so viel zu verdienen, dass sie zu Hause für die Nestwärme sorgen konnte, die doch auch das Arbeiterkind dringend brauchte. Die Zahl der Kinder wuchs im 19. Jahrhundert ununterbrochen, nicht zuletzt weil immer mehr Menschen heirateten und weil die Medizin, verbesserte hygienische Bedingungen, aber auch kürzere Arbeitszeiten die Gesundheit stabiler machten und die Lebenserwartung kontinuierlich verlängerten. Es gab zwar viel zu viele Kinder, aber es gab auch die USA, überhaupt Amerika, das Menschen brauchte. Obschon die Bürger die private Sphäre als Gegenwelt zur Öffentlichkeit immer beschworen hatten, gelang es ihnen nicht, den Staat aus den Familien herauszuhalten, nicht zuletzt weil der bürgerliche Kapitalismus unerträgliche Zustände in der Arbeiterschaft und in den Arbeiterfamilien geschaffen hatte.

Mit Sozial- und Familienpolitik bemühte sich der Staat darum, zu lindern, zu bessern, zu reparieren. Die Bedingungen, unter denen die proletarischen Familien mehr zu leiden hatten, als zu leben vermochten, waren ein öffentlicher Skandal. Sie konnten nicht der Privatinitiative überlassen bleiben, auf dass diese mit der »unsichtbaren Hand« des

Marktes (Adam Smith) irgendwann für Ordnung sorgten. Die Bourgeoisie, die von Individualisierung und Privatisierung so ergriffen sprach, wie wenn von Heilsvermittlern die Rede wäre, hatte wegen ihrer egoistischen Bestrebungen den Einspruch des Staates heraufbeschworen und damit die seit dem späten 19. Jahrhundert immer engmaschigere Verquickung von Staat und Familie im Namen öffentlicher Bedürfnisse notwendig gemacht. Die Bourgeoisie hatte sich mit der Wissenschaft verbündet, um deren Erkenntnisse zu verwerten. Die Wissenschaft wurde aber auch vom organisierenden, strukturierenden und fürsorglichen Staat zur Mitarbeit aufgefordert.

Hatten Ehe und Familie früher die Philosophen und Theologen beschäftigt – als moralisches oder rechtliches Problem –, so drängten sich jetzt Mediziner, Biologen und Psychologen in dieses Reich der Intimität, um dort für Gesundheit zu sorgen. Alles, was ihren Anschauungen widersprach, war von nun an »ungesund« und, wie hundert Jahre zuvor, »unnatürlich«. Das Ungesunde konnte selbstverständlich auch weiterhin unnatürlich sein, es war vor allem schädlich und deshalb gefährlich, so dass es aus sozialhygienischen Gründen möglichst ausgemerzt oder kuriert werden musste. Die Ärzte entdeckten um 1860 die Sexualität und definierten nun, wie viel und welche Art von Sexualität für eine im bürgerlichen Sinne gesunde Ehe empfehlenswert sein könnte. Warnten Beichtväter vor bestimmten, für unmoralisch gehaltenen Praktiken, so wurden die gleichen Praktiken von den Ärzten jetzt als ungesund charakterisiert und damit verboten.

Das nannte man Fortschritt. Schließlich ist die abergläubische Furcht jetzt wissenschaftlicher Erkenntnis gewichen, die dem einst von Moralisten verdorbenen Menschen dazu verhilft, sich endlich naturgemäß und also gesund zu verhalten. Der Staat braucht – davon waren gerade Bürger überzeugt – gesundes »Menschenmaterial« für die Arbeit, für die ökonomisch-politische Behauptung im »Weltstaatensystem« und damit auch für den Krieg, um, wenn es sein muss, den Anspruch verteidigen zu können, eine Spitzenstellung in der Gruppe der führenden Völker einzunehmen. Versprechungen, dass die Menschen zumindest im nationalen Rahmen leistungsstärker, intelligenter und kräftiger gemacht werden könnten, kamen den Bürokraten umso mehr gelegen, je heftiger der Wettbewerb wurde. Volksgesundheit, rassische Gesundheit, ein gesundes Denken im gesunden Körper, gesundes Volksempfinden und gesunde Gesinnung, Erbgesundheit und gesunde Sinnlichkeit, das alles mochte zu ungeahnter Jugend, Kraft und zu der Schönheit führen, nach der gerade bürgerlich-wissenschaftliche Sozialhygieniker als unvermeidliche Sozialästheten, die sie waren, inbrünstig verlangten.

Die Europäer hörten solche Verheißungen gerne, und zwar umso lieber, je »älter« sie waren, wie etwa die Menschen im kinderarmen Frankreich, das sich allmählich, und vollends seit der Mitte des 19. Jahrhunderts, fürchterlich alt und veraltend vorkam. Die große Revolution 1789 war ja nicht zuletzt ein temperamentvoller Versuch gewesen, die vergreisende Nation zu verjüngen und aus den jungen Franzosen, den bewährten Zeugen nationalen Ruhms, Erzeuger neuer Heldensöhne zu gewinnen. Diese Hoffnung zerschlug sich, nicht aber das hoffende Vertrauen in die frohe Botschaft der Naturkundler, der Biologen und Mediziner: Lasset uns einen Menschen machen nach unserem Bilde. Dazu waren sie entschlossen, den Markt der Möglichkeiten scharf im Auge. Wenn alles Ware und Produkt ist, liegt es in der Natur der Sache, dass auch der Mensch zum gut entworfenen, auch den verwöhnten Geschmack überzeugenden Serienmodell werden kann.

Die Reproduktionstechnik wird sich darum kümmern, dass, gut demokratisch, jeder in der zu ihm passenden Modellreihe wählen kann und sich dabei ausgesprochen wohl fühlen wird, weil die Modelle – dem Prinzip der Innovation und Überraschung verpflichtet – stets überholt werden, um die variable Nachfrage ganz individuell bedienen zu können. Ehe und Familie finden unter solchen Voraussetzungen gerade zu dem Glück, das auf Gesundheit, Vitalität, Jugend ohne Grenzen programmiert ist, das als Gesamtpaket allerdings nur bei denen voll durchschlägt, die im Glauben an die Kraft der Schönheit durch gesundheitsbewusstes Leben nicht nachlässig werden. Der Vater, die Mutter und das himmlische Kind auf dem Trimm-dich-Pfad.

VII.

»Die Liebe, wie sie modern erscheint, ist ein Gesteigertes« oder Die Metamorphosen der Ehe

Der Protest gegen die bürgerliche Ehe und Familie war ein Protest im Namen der Liebe. In ihr wurde die Kraft vermutet, die befreiend wirkt, weil sie die Natur der bürgerlichen Gesellschaft als lieblos und unnatürlich entlarvt. So war es auch ein Protest gegen die Natur oder das, was der Bürger unter ihr verstand. Richard Wagners »Ring des Nibelungen« ist das mächtigste Zeugnis dieses Unbehagens an der Bürgerlichkeit, ja des Zorns auf deren leiden machende Unnatur. Die Rechtsordnung und die Gesetze, mit denen sie sich Anerkennung erzwingt, beruhen auf Lug und Trug, eben auf Lieblosigkeit, dem großen Motor, der die Geldwirtschaft und die kapitalistische Produktion – wie in Alberichs Konzern – in Bewegung hält. In einer solchen Welt kann der Mensch nicht zu sich selber finden, entbehrt also der Voraussetzung dafür, seinen Nächsten wie sich selbst zu lieben. Brünnhilde, die unermesslich Liebende und Leidende, rächt den vergewaltigten Menschen und stellt dessen Würde und Schönheit durch ihr Liebesopfer wieder her. Sie befreit den Entfremdeten zu seiner wahren Natur.

Die unverkennbar christlichen Motive werden einer innerweltlichen Erlösung anverwandelt, der Erlösung durch die Liebe, die hier den Eros und die Lust, die dauernde

Werdelust all dessen, was lebt, unbedingt miteinschließt. Diese Liebe braucht nicht mehr die Ehe. Die bürgerliche Ehe Gudruns mit Siegfried, ein berechnetes Arrangement, bestätigte die Nichtigkeit dieser beide Vertragspartner erniedrigenden und täuschenden Institution. Anarchisten verkündeten begeistert die freie Liebe. Übrigens ein sehr anspruchsvolles Programm, das nicht die Promiskuität vorsieht, sondern das Einswerden zweier verschiedener Willen, ganz im Sinne des androgynen Enthusiasmus. Dazu gehörte vor allem die Treue, in der sich erfüllen sollte, was Brünnhilde von ihrem Siegfried sang: »Lautrer als Er / liebte kein Andrer.«

Richard Wagner heiratete und glaubte mit Cosima die Ehe zu führen, in der unter besseren Umständen Sigmund und Sieglinde, zwei Ehebrecher aus Liebe wie er und Cosima, zu ihrem Glück gefunden hätten. Die Sozialisten oder Sozialdemokraten würdigten in der Ehe eine Ordnungsmacht, wenn sie sich auf die Liebe gründete, auf die Liebe Freier und Emanzipierter, erlöst von Abhängigkeiten und den mit ihnen verbundenen, erdrückenden Mechanismen. Die Sozialisten verfochten die Emanzipation der Frau, aber nicht alle Frauen, die an ihrer Selbstbefreiung in Solidarität mit ihren »Schwestern« arbeiteten, waren deshalb Sozialisten. Sie waren aber mit Wagner, den Anarchisten oder den Sozialisten darin einig, dass in der Stellung der Frau sich die Widersprüche der bürgerlichen Gesellschaft am deutlichsten offenbaren. Der Bürger verweist auf die Natur und die Naturgesetze, um die Rolle, die er der Frau auferlegt, als natürlich auszugeben. Er weigert sich, den sozialen Wandel zu bedenken, und verkennt deshalb die Frauenfrage, die vor allem eine soziale Frage ist.

Die Frauenfrage in den sozialen Zusammenhang zu stellen bedeutete, auch die Ehe und die Familie als historisch-gesellschaftliche Erscheinungen zu behandeln, die dem Wandel unterworfen sind, wie zuletzt auch die Liebe. Alles, was ist, vergeht, und neues Leben sprießt aus den Ruinen. Die Frauenbewegung gebrauchte die Argumente des bürgerlichen Historismus, um mit ihnen die bürgerlichen Fiktionen von Natur und Natürlichkeit zu entmachten. Sie erklärten damit allerdings auch die bürgerliche Ehe und Familie für eine ideologische Konstruktion, ohne freilich deswegen Ehe und Familie zu verwerfen. Denn Ideologiekritik bezweckt doch vornehmlich die Ent-Täuschung unpraktischer Lebenslügen. Die praktischen Folgen solch heilsamer Enttäuschungen müssen anschließend keineswegs in der Auflösung oder dem Umsturz historisch interpretierbarer und je nach dem Augenblick auch neu gedeuteter Institutionen liegen.

Das fürchteten allerdings viele der ängstlichen Bürger, die sich fest an ihren Hut klammerten, an ihren ideologischen Überbau, damit der frische Wind ihn nicht von ihren Köpfen riss. Wegen dieser Ungeschicklichkeit gerieten sie ins Stolpern und kamen zu Fall. Die bürgerlichen Frauen verwiesen auf das Elend der Arbeiterfrauen, auf die verschämt Arbeitenden unter den ärmeren Bürgern und auf die innere Leere derjenigen unter ihnen, die nicht arbeiten durften und stattdessen das Geld ausgaben, das der Mann verdiente. Sie forderten in einer Arbeitsgesellschaft das Recht auf Arbeit, das Recht, überhaupt arbeiten zu dürfen, forderten also für jede Frau, was für ärmere Bürgertöchter, das so genannte »Mädchenproletariat«, schlichtweg eine Überlebensnotwendigkeit war.

Das Recht auf Arbeit ließ sich nicht ohne ein Recht auf Bildung und damit auf freie Zeit gerade für die Arbeiterinnen denken, weil Bildung die Voraussetzung dafür ist, sich – wohl oder übel – zu spezialisieren und für einen Beruf zu ertüchtigen. Das Ideal allgemeiner, den Menschen überhaupt erst zum Menschen machender Bildung wurde dadurch nicht entkräftet. Bildung macht frei, das war die Devise sozialistischer Bildungsvereine; und nur die freie Frau kann dem freien Mann die richtige Gefährtin sein, ihn befreiend, wenn er noch in Vorurteilen befangen sein sollte, um auf jeden Fall mit ihm ganz sich zu gehören. Diese Erwartungen widersprachen gar nicht der alten christlichen Lehre, dass im Paradies die Liebe Adam und Eva ehelich verband, dass die Ehe, vor allem Recht und aller Kasuistik, aus dem Geist der Liebe geboren war und aus der Macht der Liebe ihre Dauer empfing nach der Vertreibung aus dem Paradies.

Am vorrechtlichen Charakter der Ehe als Liebesbündnis – diesem christlichen Gedanken – wurde überhaupt nicht gezweifelt. Allerdings schwand das Vertrauen, die Liebe in bürgerlichen Verhältnissen finden zu können. Nicht nur die sozialen, sondern auch alle möglichen, sehr bürgerlichen Bewegungen trachteten nach »Lebensreformen«, nach herzlicher Einfachheit und bequemen Sitten in einer immer komplizierter werdenden Welt der Vergesellschaftung: Landkommunen, Sonnenbaden, Nacktkultur, lockere, bequeme »Reformkleidung« für Frauen und der offene »Schillerkragen« bei Männern in kurzen Hosen. Jungmann und Jungfrau werden zu Kameraden bei Sport, Gesang, Spiel, beim Wandern und beim Tanzen. Sie verkehren gleichberechtigt miteinander, besorgt um ihre innere Schönheit wie um deren Veräußerlichung.

Als Freunde der Liebe und der Freiheit hielten sie sich daran, die Liebe nicht allzu sinnlich aufzufassen. Das schade nicht nur der Gesundheit, sondern verschmutze das Gemüt. Sauberkeit war das Ideal, das früher Keuschheit genannt wurde. Burschen und Mädels blieben sauber, selbst wenn sie als Lichtfreunde sich nackt begegneten, da sie ja nur auf das Licht achteten, das sie erhellte. Die Sauberkeit trat an die Stelle der Tugend. Was sie in zuweilen recht absonderliche Gemeinschaften trieb, war das Bedürfnis, einen Weg ins Freie zu finden, um nicht im schwülen Treibhaus der Bourgeoisie mit seinen betäubenden Giften unterzugehen. Der Kompass, der ihnen allemal helfen sollte, war die Liebe, auf die doch einst ihre bürgerlichen Eltern und Großeltern auch ihre Hoffnung gesetzt hatten.

Alle antibürgerlichen Bewegungen wollen die bürgerlichen Sehnsüchte endlich verwirklichen, nur unkonventionell, ohne Korsett und Krawatte, und immer darauf vertrauend, dass ganz unverhofft das Glück kommt, weil es an der nächsten Ecke steht, wenn man nur die Augen offen hält und nicht verträumt durch die Straßen läuft. Aber selbst dann kann es einem passieren, dass eine dem taumelnden Träumer zuruft: Gib Obacht, und schon sind sie für immer vereint, und wenn sie nicht gestorben sind, dann leben sie noch heute. Sie sterben nicht aus – die Liebhaber der Liebe. Obschon die Entdecker der Sexualität seit dem späten 19. Jahrhundert die Liebe endgültig ins Poesiealbum unerfahrener Backfische verbannen wollten. Die so genannte Liebe wurde zum Symptom unbewältigter sexueller Erfahrungen und Erlebnisse, die sich zu Komplexen verdichteten und Neurosen erzeugten, kurzum zu einer Krankheit, einer heilbaren Krankheit.

Statt von der großen Liebe zu träumen, sei es insgesamt gesünder und der Vitalität förderlicher, die eigene Sexualität partnerschaftlich zu entdecken und kreativ das Produkt Freude über den Lustgewinn qualitativ zu steigern, wenn sich die innovativen Potenziale ungehemmt entwickeln können. Es ist wie in der Marktwirtschaft: Das bessere Angebot, die ausgereifte Technik und der überzeugende Unterhaltungswert verschaffen Vorteile, die dem Verbraucher unentbehrlich werden. Das ökonomische Wertedenken mit seinen Prinzipien der Bewertung und Verwertung, des Strebens nach Gewinn und des Vermeidens von Verlust drang, da es keine Grenzen anerkennt und Hindernisse abbauen will, endlich in die intimsten Gemächer der Bourgeoisie vor. Sexualität ist die Form der Liebe, die zu der Welt gehört, in welcher der dilettantische Mensch – endlich überwunden – zum selbstbewussten Verbraucher aufgestiegen ist, der jedem anderen zum Verbrauch zur Verfügung steht.

Treue ist dabei als mangelnde Experimentierfreude ziemlich schädlich, denn der Konsument soll nicht bei einer Marke bleiben, gar an einem auslaufenden Modell festhalten, sondern sich auf Novitäten einlassen, um sich auf einem immer beweglichen Markt der Möglichkeiten mit spontanen Kursänderungen zu behaupten. Die einzigen Einschränkungen, die beim Lustgeschäft zu zweit oder in gruppendynamischen Auffächerungen selbstverständlich akzeptiert werden müssen, ergeben sich aus der Rücksicht auf die Gesundheit und die Seuchenbekämpfung. Mit der Sexualität wurden deren Erforscher, die Mediziner, die Hygieniker und die Psychologen, unentbehrlich für eine gelingende Ehe. Sie kümmern sich um die Teamfähigkeit –

eine betriebswirtschaftliche Eigenschaft –, damit das Paar während der Prozesse sexueller Kommunikation über technische Perfektion zur Effizienzsteigerung gelangt, das beste Mittel, um Frustrationen zu vermeiden, durch die sich Spannungen aufbauen könnten, die zu ernsten Störfaktoren werden können.

Diese unterschiedlichen kulturellen Bewegungen – Frauenbewegung, Jugendbewegungen mit ihren je eigenen »Subkulturen«, der Umbau der Seelenkunde in Psychologie und der Abbau der Liebe zum sexuellen Denksport unter aufgeschlossenen Kameraden – untergruben die ohnehin leicht erschütterbaren Fundamente der bürgerlichen Ehe und Familie. Zwei große Kriege und zwei wirtschaftliche Katastrophen verschärften eine Entwicklung, die, als Krise der Ehe und Familie, über kurz oder lang zu deren Funktionsverlust und Untergang führen werde, wie ununterbrochen gesagt wurde und wird. Noch gibt es dieses todgeweihte Phänomen, das während der Metamorphosen der Gesellschaft durchaus einige Widerstandskräfte bewies. Was verschwindet, ist nur die bürgerliche Familie, eine historische Figur, die wie sämtliche figurae in der geschichtlichen Welt vergänglich ist. Darin liegt nichts besonders Auffälliges. Betrüblich ist es höchstens für Wanderer, die bei den Toten leben, ein Heimweh nach Bürgerlichkeit verspüren und sich dieselbe entsprechend verklären.

Der Hausvater hatte sich im Laufe des 18. Jahrhunderts zum Familienvater gewandelt. Den Vater gibt es immer noch, aber mit ganz anderen Aufgaben als früher. Die bürgerliche Arbeitsteilung – der Mann erwirbt den Lebensunterhalt, und die Frau macht ihre »Hausaufgaben« – zerbrach spätestens nach dem Ersten Weltkrieg. Es gab gar nicht genug

Arbeit für alle Männer. Viele Männer waren verletzt, verkrüppelt, für schwere Arbeiten nicht zu gebrauchen, und in der Familie, weil verbittert und hilflos, besaßen sie keine Autorität mehr, sondern waren auf Mitleid angewiesen. In einer erheblichen Zahl von Haushalten gab es keinen Vater mehr, weil er gefallen war. Den Müttern und Frauen wuchsen durch die Umstände neue Aufgaben zu, gerade außerhalb des Hauses, indem sie einen Teil der Funktionen des Vaters – Ernährer zu sein – übernahmen.

Diese Entwicklung beschleunigte sich abermals durch den Krieg. Im Zweiten Weltkrieg empfing die Frau zwar Unterstützung durch das zuerteilte »Pflichtjahrmädchen«, aber sie musste den Vater in fast allen Belangen vollständig ersetzen; war man ausgebombt oder vertrieben, so musste sie die Flucht organisieren und das Überleben der Kinder sichern. Diese Leistungen zeigten den Männern, dass es durchaus ohne sie geht. Die Emanzipation der Frauen ließ sich nicht mehr rückgängig machen, das Tempo ließ sich höchstens drosseln. Die Mutter war aber endgültig zur ausschlaggebenden Kraft geworden, die Kinder waren – während der langen Abwesenheit der Männer – tatsächlich zu ihren Kindern geworden, und blieben es, wenn die Millionen von Witwen nicht wieder heirateten.

Die heimgekehrten Männer überließen den Haushalt und die Familie weitgehend den Frauen, um ihre Berufsausbildung nachzuholen und eine Karriere anzufangen. Sie stürzten sich »in den Betrieb« allerdings auch, weil sie sich zu Hause fast überflüssig vorkamen. Familie im herkömmlichen Sinne gab es bei Familienfesten, die meist von Frauen arrangiert wurden. Der *pater familias* begnügte sich mit der Rolle des jovialen Freundes seiner Gattin und des geduldigen Animators der zwei bis drei Kinder. Im Zuge der wiederbelebten Idee der gesamtmenschlichen Androgynität erwarb der sich verweiblichende Hausmann neue Rechte und Pflichten im Haus, als Betreuer der Kinder, teilnahmsvoller Spielkamerad, Haushaltshilfe, Gärtner, Klempner, Koch und immer sensibilisierter Zuhörer und Ratgeber. Hausvater will er gar nicht mehr sein. Schließlich ist die Vaterrolle eine vorübergehende, die Kinder verlassen früher oder – heute wieder – später das Haus und die Eltern. Für die »Zurückgebliebenen« wird auf jeden Fall aus dem Familienleben abermals ein Eheleben, eine seit geraumer Zeit nicht einmal vermisste Zweisamkeit. Trotz aller sentimentalen Nähe zu den Kindern – auch der räumlichen, wenn sie nicht weit auseinander leben – sind Eheleute während ihrer Lebensdauer viel länger ein Ehepaar als ein Elternpaar. Sie müssen im Alter noch einmal lernen, mit sich allein auszukommen.

Die Frau hat ihr Recht auf Arbeit durchgesetzt, sie kann Karriere machen. Wie die Pretiösen, die adeligen Blaustrümpfe im 17. Jahrhundert oder die akademischen Kraftfrauen um 1800 verzichten viele auf Ehe und Kinder. Heiraten sie, fällt es ihnen nicht immer leicht, Beruf und Familie miteinander im Gleichgewicht zu halten. Das liegt nicht zuletzt an den bürgerlichen Vorstellungen von Mutterschaft, Mutterliebe und Familiensinn, die in nachbürgerlicher Zeit die Frauen überfordern müssen, weil sie unter gewandelten Bedingungen sich nicht mehr darauf beschränken können, Hausmütter zu sein. Überfordert werden sie nicht zuletzt von ihren Kindern, denen sie, wie alle Ratgeber mahnen, gar nicht genug Liebe schenken können. Die Kinder erwarten das und verlangen ungewöhnlich viel Aufmerksamkeit. Frauen lassen sich zu viel zumuten: Erfolg im Beruf, Erfolg in der Familie und eine erfolgreiche Ehe am Lebensabend, der sich mittlerweile sehr hinziehen kann.

Für die Familien ist nichts leichter geworden. Arbeit und Wohnung liegen meist auseinander, zum Vergnügen fährt man in die Innenstadt, und eingekauft wird am Stadtrand in den Großmärkten. Die Kinder wollen abgeholt sein und haben ihre »Termine«, die sie einhalten müssen. Jede fürsorgliche Mutter bemüht sich, dem Kind so viel wie möglich »anzubieten«, vom Ballett über den Turnverein zur Malstunde oder dem Besuch eines Trommelkurses. Die Arbeitszeiten der Eltern lassen sich oft nicht koordinieren. Selten isst die Familie gemeinsam, und die Restfamilie begnügt sich immer häufiger mit Schnellgerichten. Eine Idylle ist die Familie nicht. Sie galt einmal als ein autonomer Raum, in dem sich die moderne Subjektivität entfalten kann im Zusammenleben mit anderen Individuen.

Das ist längst vorbei: Denn die Medien brauchen den angeblich privaten Raum, um dort mit ihren Angeboten wirken zu können, neue Gemeinschaften Vereinzelter zu schaffen und Botschaften aller Art auch in die kleinste Hütte zu schicken. Botschaften, die Bilder vermitteln von der geduldigen Mutter, vom verständnisvollen Vater, den adretten Kindern und der aufmerksamen Oma, die immer da ist, wenn sie gebraucht wird. Keine Familie lebt mit sich selbst, sondern mit den Bildern, die von der Familie entwickelt werden, nicht zuletzt um jeden Einzelnen als verbrauchende Kaufkraft anzusprechen. Ehe und Familie unterliegen insofern einer dauernden Kontrolle und Imperativen, nicht allzu auffällig von der Norm abzuweichen. Das macht die

Familie zu einer sehr anstrengenden Veranstaltung, was alle Familienangehörigen auch wissen. Zu den Medien kommen Freundeskreise, Vereine, Freizeitgefährten oder Nachbarn, die alle je auf ihre Art die medialen Klischees verstärken.

Eine Gegenwelt der undurchdringlichen Intimsphäre würde den Absatz durcheinander bringen, und das kann den Produzenten nicht gefallen, die schließlich ihre familiengerechten Waren in den Familien unterbringen wollen. Eine private Gegenwelt kann aber auch dem Staat und seiner Bürokratie nicht recht sein. Denn die Ansprüche der Verwaltung, für die allgemeine Wohlfahrt zuständig zu sein, kennen kaum noch Grenzen. Wo das Individuum zurückweicht, drängt der Staat mit seiner Verwaltung vor. Der Staat glaubt für die Familien zuständig zu sein. Er ist es durchaus, indem er gute Schulen und andere Bildungseinrichtungen bereitstellt oder für soziale Gerechtigkeit im weitesten Sinne sorgen muss, gerade um Mut zu machen, Familien zu gründen. Aber es geht ihn nichts an, ob Mütter rauchen, Kinder zu dick sind, was in Familien gegessen und getrunken wird oder welche ungesunden Einflüsse sich in Familien breit machen.

Im Namen einer physischen und moralischen Volksgesundheit maßt sich der Staat wie einst unter Robespierre an, Wächter über die allgemeine Wohlfahrt zu sein und mit seinen Verwaltungskörpern dauernde Wohlfahrtsausschüsse zu unterhalten, die eingreifen dürfen, wenn ihnen etwas missfällt. Im Grunde sind staatlich-politische Organe der Meinung, der einzig effektive Erziehungsberechtigte zu sein. Individuen, vereinzelt und nicht vereinigt, lassen sich besser überwachen und normieren als Gemeinschaften. Deshalb mögen die staatlichen Behörden keine unabhängigen Familien und bemühen sich sehr erfolgreich darum, in sie hineinzuregieren und die Familienmitglieder als Einzelne zu berechtigen und damit zu erfassen.

Die Tendenzen, die Proudhon, Wagners Lehrer, und Bakunin, seinen Freund, und nicht zuletzt ihn selber verschreckten, waren keine Einbildung überspannter Utopisten. Wo keine Liebe ist, ist auch keine Wahrheit, und – wie ein anderer Vorläufer Wagners, Ludwig Feuerbach, meinte – nur der ist etwas, der etwas liebt. Und sei es die ausschließliche Liebe zu sich selbst, wie man sie heute pflegt, wenn man auf der Höhe der Zeit ist. Insofern ist es nicht verwunderlich, wenn viele gar nicht unfreiwillig ledig bleiben. Singles hat es in hoher Zahl zu allen Zeiten gegeben, meist wegen sozialer Heiratsverbote, aber auch aus sittlich-asketischen Gründen. Wer heute ledig bleibt, schmiegt sich hingegeben den Strukturen an, die Vereinzelte voraussetzen, ganz mit sich und ihrem Eigen-Tum beschäftigt.

Viel erstaunlicher ist, dass weiterhin die Mehrheit an Ehe und Familie als Ordnungen festhält, oder an Verbindungen, die eheähnlichen Charakter haben. Auch das ist nichts Neues, denn erst das 19. Jahrhundert privilegierte ausschließlich die Ehe und Kleinstfamilie. Die hohe Rate an Scheidungen widerlegt die Tendenz nicht, dass man in der Ehe und in der Treue das Glück finden will, ohne das nach heutigen Erwartungen das Leben als freudlos oder gar als misslungen eingeschätzt wird. Die Geschiedenen verlieren nicht den Mut, es ein weiteres Mal zu versuchen. Manchmal finden sie zu dem erhofften Glück. Die Monogamie wandelte sich darüber zur sukzessiven Polygamie, ohne damit das Postulat der Treue grundsätzlich in Frage zu stellen.

In einem durchaus ernsten Sinn folgen viele der Operettenweisheit: »Hab ich nur deine Liebe, / die Treue brauch ich nicht! / Die Liebe ist die Knospe, / aus der die Treue bricht.« Wo also Liebe lebt, ergibt sich aus ihr die Treue, ohne die es der Liebe an ihrem eigentlichen Leben fehlte. In diesem Sinne können katholische Theologen durchaus erwägen, die Scheidung weiterhin als Sünde zu beurteilen, aber als eine lässliche, wenn nach einer zerrütteten Ehe, die keinem gut tat, eine folgt, die von Liebe und Treue zusammengehalten wird. Ein Sakrament, wie etwa das der Buße, wurde anfänglich sehr rigoros und lebensfern gehandhabt. Die Kirche bemerkte schnell, dass sie milder strafen musste, wollte sie nicht den Zusammenhalt der Gemeinden gefährden. Annullierungen von Ehen werden indessen großzügiger gewährt. Es könnte durchaus sein, dass die Kirche zu Lösungen kommt, mit denen um der Liebe willen Geschiedene geduldiger behandelt werden können.

Das gilt auch für die eheähnlichen Verhältnisse, die früher hingenommen wurden, wenn Treue mit ihnen verbunden war. Wie überhaupt die meisten Verbindungen, wie locker auch immer, in der Regel so lange zusammenhalten wie Treue gehalten wird. Auch Homosexuelle streben nach Ehe und Familie, um ihrer Beziehung und Liebe damit den Charakter der Dauer ausdrücklich zu verleihen. Die eheähnlichen Beziehungen gleiten ohnehin in die klassische Ehe hinüber, sobald die finanziellen und sozialen Umstände es erlauben, ein oder zwei Kinder in die Welt zu setzen. Die langen Ausbildungen, die spät beginnende Berufstätigkeit, die damit verknüpften Unsicherheiten erlauben es selten, frühzeitig an Kinder zu denken.

Daher wirkt es doch allemal recht pharisäisch, wenn Politiker auf die hedonistischen Begehrlichkeiten einer Jugend verweisen, die nach der Devise: »Spaß muss sein« leben möchte, ohne überhaupt die strukturellen Hemmungen zu bedenken, die vom Staat und der Bürokratie ausgehen. Ganz abgesehen davon, dass nicht unbedingt Privatiers verpflichtet werden sollten, ihre Familienplanung den Bedürfnissen der Politik und des Staates anzupassen, nur weil beide nicht mehr ein und aus wissen aus einem Schlamassel, den sie vorzugsweise selbst zu verantworten haben. Der Geburtenrückgang kann im übrigen zuerst einmal als eine Normalisierung angesehen werden. Schließlich waren die Geburtenrekorde von 1750-1900 außergewöhnlich. Gesellschaften, denen die Arbeit ausgeht, sollten nicht von vornherein klagen, dass ihnen die Menschen ausgehen, wenn sie gar nicht bereit sind, die Grundlagen dafür zu schaffen, dass die in die Welt Gesetzten einmal menschenwürdig leben können.

Die Zahl der Arbeitslosen, der Benachteiligten, der strukturell Unfreien zu erhöhen ist unter solchen Bedingungen kaum eine angemessene Lösung. Armut ist vererbbar, und damit Verelendung, Entwürdigung, also das größte Unglück für die größte Zahl. Familienpolitiker denken allerdings nicht an das Glück oder Unglück der Eheleute, an die Familie als Reich der unmittelbaren Sittlichkeit, wo Kinder ihren Platz haben. Sie denken an die Sozialsysteme, die wiederum von Konjunkturen und Wachstumsraten abhängen. Weniger Menschen bedeutet weniger Verbraucher für immer mehr Waren, die immer billiger anderswo hergestellt werden. Mehr Menschen können nur mehr konsumieren, sofern sie

Geld dafür erübrigen. Wenn sie über kein Geld verfügen, schaffen sie keine Werte, verwerten keine und haben als Wertverwahrloste keinen Wert. So sind die Spielregeln der ökonomistischen Leitkultur, die sich alles unterordnen möchte. Wie man unter Umständen mit als lebensunwert eingeschätztem Leben umgehen kann, wurde schon einmal praktisch erprobt. Es gibt wenige Anhaltspunkte dafür, dass dies fürchterliche Beispiel dauerhaft abschreckend wirken würde.

Denn was man machen kann, wird man in Epochen, die in der Machbarkeit ihre Schöpferkraft feiern, auch wieder machen, nur technisch »eleganter«. Technische Eleganz ist das entscheidende Kriterium des Fortschritts. Alle möglichen Wissenschaftler sind emsig an der Arbeit, dem dilettantischen Menschen einmal die Mühen der Reproduktion abzunehmen. Eine flottierende Sexualität mag ihm gegönnt sein, um Spaß zu haben und die Logik der Systeme nicht zu stören. Aber die Produktion verwertbaren und wertbeständigen Humankapitals könnte man bequemer dem Luftweg als dem antiquierten Wasserweg anvertrauen, wie schon Gottfried Benn spottete. Die technischen Methoden sind berechenbarer als die liquide Biomasse Mensch.

Aldous Huxley betrachtete die Angst vor dem Atomschlag als übertrieben und unrealistisch. Ihn interessierten viel mehr die möglichen Eingriffe der Biologie in das Leben und deren Folgen. Die schöne, immer neue Welt des immer Machbaren, in der auch der Mensch zu einem Produkt wird, mit unterschiedlichem Design je nach der Funktion, der er zu genügen hat, diese Welt braucht keine Liebe mehr. Im Gegenteil, denn die Liebe schafft Unordnung und vermeidbares Leid, verursacht Normierungsverluste und andere entsetzliche Abweichungen, wie das Bedürfnis, Klassiker zu lesen, Latein zu lernen oder – völlig pervers – an Gott zu glauben.

Unter solchen Voraussetzungen sind die Liebenden die größten Abenteurer. Sie wissen, dass die Liebe ein individuelles Risiko ist und zugleich die einzige Möglichkeit, der Vereinzelung im Eigen-Tum zu entrinnen oder der Gefahr, von fremden und entfremdenden Mächten missbraucht zu werden. Sie verteidigen mit der Liebe – und sei es nur mit der Sehnsucht danach – das beste europäische Erbe, mit dessen Hilfe das Zusammenleben der Menschen über ihre besänftigende Macht insgesamt erleichtert werden kann. Leidenschaft und Liebe wurden meist als Gegensätze begriffen. Seit der Romantik will man sie versöhnt wissen, die himmlische und die irdische Liebe einander ergänzend. Die sehr irdischen Leidenschaften, vor denen nicht nur der Bürger erschrak, sind nicht immer, aber meist die Folgen der Liebe, die auf deren Hilfe angewiesen ist.

Der *amor concupiscentiae* und der *amor benevolentiae*, die Begehrlichkeit und das Wohlwollen, was heißt, sich am Glück des anderen zu erfreuen, um darüber selbst glücklich zu werden, bedingen und steigern einander. Eine Heirat ohne Liebe wird heute nicht mehr gebilligt, Liebe ohne Heirat wurde als Schicksalsmacht dauernd poetisiert und findet weiterhin Nachsicht und Duldung. Was die Europäer seit Platon beunruhigte, war die Liebe und wie sie in der Gesellschaft gelebt werden kann oder wie sich mit ihr die Gesellschaft verändern kann. Die Familie war dabei eine Begleiterscheinung, wenn auch eine wünschenswerte der sie ermöglichenden Liebe. Dabei ist es geblieben. Die Liebe ist die Kraft, die jedem dazu verhilft, zu seiner Bestimmung im Dasein zu gelangen. Das sagt der gottferne Feuerbach. Der Kirchenvater Augustinus meinte als guter Christ Ähnliches: »Bene vivamus et bona sunt tempora, nos sumus tempora; quales sumus, talia sunt tempora« – »Leben wir gut, ist auch die Gegenwart gut. Denn wir prägen die Zeit, sie ist so, wie wir sind.« Feuerbach wie der Heilige dachten an die überwältigende Macht der Liebe. Wer immer sich ihr anvertraut, gehorcht keinen Systemzwängen und Marktgesetzen oder familienpolitischen Notwendigkeiten. Die Liebe ist frei, befreit, und weiß zum Entsetzen der Techniker, die in Systemen denken, dass sie jedes System untüchtig machen kann: *Amor vincit omnia.*

Ausgewählte Literatur

ALBERTI, LEON BATTISTA: Vom Hauswesen. München 1986

BADINTER, ELISABETH: Die Mutterliebe. Geschichte eines Gefühls vom 17. Jahrhundert bis heute. München 1981

BARASH, DAVID/JUDITH LIPTON: The myth of monogamy. New York 2005

BASSEMER-HERRAD, ULRIKE: Frauenemanzipation und Bildungsbürgertum. Berlin 1985

BEMBO, PIETRO: Asolaner Gespräche. Dialog über die Liebe. Heidelberg 1992

BEZZOLA, RETO: Liebe und Abenteuer im höfischen Roman. Reinbek 1961

BOSL, KARL: Die »familia« als Grundstruktur der mittelalterlichen Gesellschaft. In: Zeitschr. f. Bayer. Landes-Gesch. 38, 1975, S. 403 ff.

CONZE, WERNER (Hrsg.):   Sozialgeschichte der Familie in der Neuzeit Europas. Stuttgart 1977

DINGES, MARTIN (Hrsg.):   Hausväter, Priester, Kastraten. Göttingen 1988

DIXON, SUZANNE: The Roman family. Baltimore 1992

DUBY, GEORGES: Die Frau ohne Stimme. Liebe und Ehe im Mittelalter. Frankfurt a. M. 1995

DÜLMEN, RICHARD VON: Das Haus und seine Menschen.
16. – 18. Jahrhundert. München 1990

ENGELS, FRIEDRICH: Der Ursprung der Familie, des
Privateigentums und des Staates. Berlin 1955

ESER, ALBIN (Hrsg.):   Die nichteheliche Lebensgemeinschaft.
Paderborn 1985

FISHER, HELEN: Warum wir lieben. Düsseldorf 2005

FRANKFURT, HARRY G: Die Gründe der Liebe.
Frankfurt a. M. 2005

FROMM, ERICH: Die Kunst des Liebens. Berlin 1980

GESTRICH, ANDREAS/JENS-UWE KRAUSE/MICHAEL MITTERAUER:
Geschichte der Familie. Stuttgart 2003

GILLIS, JOHN R.:   A world of their own making. Myth, ritual and
the quest for family values. New York 1996

GOODY, JACK: Die Entwicklung von Ehe und Familie in Europa.
Berlin 1986

DERS: Geschichte der Familie. München 2002

GRIMAL, PIERRE: Liebe im Alten Rom. Frankfurt a. M. 1981

HAVAS, LASZLO/LOUIS PAUWELS: Die letzten Tage der Monogamie.
Die Geschlechtsmoral von morgen. München 1970

HERGEMÖLLER, BERND-ULRICH: Einführung in die Geschichte der
Homosexualitäten. Tübingen 1999

KAUFMANN, FRANZ-XAVER: Die Zukunft der Familie.
München 1990

KLUCKHOHN, PAUL: Die Auffassung der Liebe in der Literatur
des 18. Jahrhunderts und in der deutschen Romantik.
3. Aufl., Tübingen 1966

KÖNIG, RENÉ: Soziologie der Familie. Stuttgart 1976

KOSCHORKE, ALBRECHT: Die Heilige Familie und ihre Folgen.
Frankfurt a. M. 2000

LANDWEHR, GÖTZ (Hrsg.):   Die nichtehelichen
Lebensgemeinschaften. Göttingen 1978

LANGE, SIGRID (Hrsg.):   Ob die Weiber Menschen sind.
Geschlechterdebatte um 1800. Leipzig 1992

LIVI BACCI, MASSIMO: Europa und seine Menschen.
Eine Bevölkerungsgeschichte. München 1999

MC LAREN, ANGUS: A history of contraception.
From antiquity to the present day. Oxford 1990

NEUMANN, KARL (Hrsg.):   Kindsein. Zur Lebenssituation von
Kindern in modernen Gesellschaften. Göttingen 1981

REIF, HEINZ (Hrsg.):   Die Familie in der Geschichte.
Göttingen 1982

ROUGEMONT, DENIS DE: Die Liebe und das Abendland. Köln 1966

SASSE, GÜNTER: Die Ordnung der Gefühle. Das Drama der
Liebesheirat im 18. Jahrhundert. Darmstadt 1996

SEGALEN, MARTINE: Die Familie. Geschichte, Soziologie und
Anthropologie. Frankfurt a. M. 1990

SHORTER, EDWARD: Die Geburt der modernen Familie.
Reinbek 1983

TECKENBERG, WOLFGANG: Wer heiratet wen?
Sozialstruktur und Partnerwahl. Opladen 2000

TIGER, LIONEL: Auslaufmodell Mann. Wien-München 2000

VILLWOCK, JÖRG: Die Familie. Studien zu ihrer geistigen
Wirklichkeit im Abendland. Hamburg 1999

WEBER-KELLERMANN, INGEBORG: Die deutsche Familie. Versuch
einer Sozialgeschichte. Frankfurt a. M. 1974

DIES.:   Das Weihnachtsfest. Luzern 1978